Aktualisiert 2024

Eine neue Betrachtung der ägyptischen Pyramiden

Moustafa Gadalla

Eine neue Betrachtung der ägyptischen Pyramiden
von Moustafa Gadalla
Aus dem Englischen übersetzt von Daniela Mattes

INHALT

BUCHTEIL III. PYRAMIDEN – FUNKTIONEN UND FORMEN

BUCHTEIL IV. PYRAMIDENBAUTECHNIKEN

BUCHTEIL V. DIE DREI PYRAMIDEN DES SNOFRU

1

ÜBER DEN AUTOR

Moustafa Gadalla ist ein ägyptisch-amerikanischer unabhängi-ger Ägyptologe, der 1944 in Kairo, Ägypten, geboren wurde. Er hat einen Bachelor of Science in Bauingenieurwesen von der Universität Kairo.

Seit seiner frühen Kindheit verfolgte Gadalla seine altägypti-schen Wurzeln mit Leidenschaft durch kontinuierliches Studium und Forschung. Seit 1990 widmet und konzentriert er seine ganze Zeit dem Forschen und Schreiben.

Gadalla ist Autor von zweiundzwanzig veröffentlichten, interna-tional anerkannten Büchern über die verschiedenen Aspekte der altägyptischen Geschichte und Zivilisation und ihre weltweiten Einflüsse. Darüber hinaus betreibt er ein Multimedia-Ressour-cenzentrum für genaue, erzieherische Studien des alten Ägypten, das auf ansprechende, praktische und interessante Weise präsen-tiert wird und die breite Öffentlichkeit anspricht.

Er war der Gründer der Tehuti Research Foundation, die später in das mehrsprachige Egyptian Wisdom Center (https://www.egyptianwisdomcenter.org) mit mehr als zehn Sprachen eingegliedert wurde. Die Website enthält auch eine weitere laufende Aktivität, zu der seine Kreation und Produktion von darstellenden Kunstprojekten wie der "Isis Rises Operetta", "Horus The Initiate Operetta"; Ägyptische Göttinnen-Operette; und es folgen noch einige weitere Produktionen.

2

VORWORT

Von Weitem betrachtet scheinen das, was wir über die Pyramiden gelernt haben, Fakten zu sein, aber sobald wir es näher untersuchen, erweist es sich als etwas anderes. Dieses Buch soll viele der falschen Vorstellungen über die alten ägyptischen Pyramiden rückgängig machen.

Dieses Buch bietet einen frischen Blick auf das Innere und Äußere der ägyptischen Pyramiden, Mauerwerk, Theorien der Konstruktion, deren Zweck und Funktion und die heilige Geometrie ihrer Konstruktion. Diese Ausgabe enthält eine große Anzahl von Fotos, die die Textmaterialien des gesamten Buches ergänzen.

Diese erweiterte Ausgabe des Buches besteht aus sieben durchgehend illustrierten Teilen mit insgesamt 18 Kapiteln.

Teil I: Überblick besteht aus den folgenden zwei Kapiteln – 1 und 2:

> *Kapitel 1*: **Der Hintergrund** liefert eine kurze Einführung über die allgemeinen "Theorien" und die Gegenargumente, basierend auf tatsächlichen Fakten
>
> *Kapitel 2*: **Die echten gemauerten Pyramiden** liefert eine

Liste der ägyptischen Pyramiden, die während der 4. Dynastie vor ungefähr 4.500 Jahren gebaut worden sind.

Teil II: Pyramiden kontra Gräber *besteht aus den zwei folgenden Kapiteln – 3 und 4:*

Kapitel 3: **Die Stufen"pyramide" des Djoser** behandelt die Details des Megabaus und seiner unterirdischen Kammern.

Kapitel 4: **Die fiktiven Gräber** behandelt die Details eines typisch altägyptischen Grabes und wie es sich völlig von dem Interieur der ägyptischen gemauerten Pyramiden der 4. Dynastie unterscheidet.

Teil III: Pyramiden – Funktionen und Formen besteht aus den zwei folgenden Kapiteln – 5 und 6:

Kapitel 5: **Der Pyramidenkomplex** zeigt, dass die ägyptische Pyramide Teil eines Komplexes war, der mit anderen Tempeln verbunden war sowie die Unterschiede der Funktionen und Formen zwischen einer Pyramide und einem Tempel und die energetischen Proportionen solcher Bauten.

Kapitel 6: **Pyramidenenergie** zeigt die verschiedenen Formvariationen der ägyptischen gemauerten Pyramiden und wie solche Formen kosmische Energien anziehen, erhalten und kanalisieren.

Teil IV: Pyramidenbautechniken besteht aus den beiden folgenden Kapiteln – 7 und 8:

Kapitel 7: **Die fehlerhafte "gängige Theorie"** behandelt die Details dieser gängigen "Theorie", die nicht identifizierte "Herkunft" der abgebauten Steinblöcke, die Unmöglichkeit des Schneidens und Formens der Pyramidenblöcke, die unmögliche Logistik der Rampenbau-Theorie, die drei bequemerweise ignorierten riesigen Pyramiden des Snofru und eine Zusammenfassung, die die westliche „gängige Theorie" widerlegt.

Kapitel 8: **Die wesentlichen Fakten** behandeln Herodots Berichte des Pyramidenbaus, ägyptische Gusstechniken, die Unterschiede zwischen synthetischen und natürlichen Steinblöcken, die verschiedenen Arten von synthetischen Betonsteinen, die einzigartigen Eigenschaften der Verkleidungssteine der Pyramiden; außerdem geht es um zusätzliche bewiesene Fakten über synthetische Pyramidensteine sowie die sogar noch viel herausragenderen Details der früheren unglaublichen Steinmetzarbeiten von Sakkara.

Teil V: Die drei Pyramiden des Snofru besteht aus den drei folgenden Kapiteln 9 bis 11:

Kapitel 9: **Snofrus Meidum-Pyramide** behandelt deren detaillierte Außen- und Innenbereiche

Kapitel 10: **Snofrus Knickpyramide** behandelt deren detaillierte Außen- und Innenbereiche

Kapitel 11: **Snofrus Rote Pyramide** behandelt deren detaillierte Außen- und Innenbereiche

Teil VI: Die drei Pyramiden von Gizeh besteht aus den vier folgenden Kapiteln – 12 bis 15:

Kapitel 12: **Das Gizehplateau** liefert eine allgemeine Darstellung der hauptsächlichen Interessenschwerpunkte des Gizehplateaus.

Kapitel 13: **Die große Cheops-Pyramide** behandelt deren detaillierte Innen- und Außenbereiche

Kapitel 14: **Die Chephren-Pyramide** behandelt deren detaillierte Innen- und Außenbereiche

Kapitel 15: **Die Mykerinos-Pyramide** behandelt deren detaillierte Innen- und Außenbereiche

Teil VII: Nach den Pyramiden besteht aus den drei folgenden Kapiteln – 16 bis 18:

Kapitel 16: **Mission erfüllt** erklärt abschließend die Absichten der Ägypter für den Pyramidenbau

Kapitel 17: **"Pyramiden"-Texte** behandelt den Ursprung der falschen westlichen Bezeichnung dieser Texte.

Kapitel 18: **Die größten Pharaos, die folgten** liefert Berichte der nachfolgenden mächtigeren und größeren Bauherren, die niemals eine Pyramide bauten, weil die tatsächlichen Ziele des Pyramidenbaus während der Zeit der 4. Dynastie erreicht wurden.

Schließen Sie sich uns auf unserer Reise an, um die Wahrheit – die GANZE Wahrheit – über die Pyramiden herauszufinden.

Lesen Sie dieses Buch als ein unvoreingenommener, fairer Juror.

>>> Bitte beachten Sie, dass die digitale Ausgabe dieses Buches, wie sie im PDF- und E-Book-Formaten veröffentlicht wird, eine beträchtliche Anzahl von Fotografien enthält, die den Text des gesamten Buches ergänzen.

Moustafa Gadalla

3

BEGRIFFSERKLÄRUNGEN

---

1. Das altägyptische Wort „**Neter**" und seine feminine Form „Netert" sind von fast allen Akademikern fälschlicherweise – und möglicherweise absichtlich – mit „Gott" und „Göttin" übersetzt worden. „Neteru" (Plural von Neter/Netert) sind die göttlichen Prinzipien und Funktionen des Einen höchsten Gottes.

2. Sie finden möglicherweise Variationen in der Schreibweise der altägyptischen Begriffe wie zum Beispiel Amen/Amon/Amun oder Pir/Per. Dies liegt daran, dass die Vokale, die Sie in den übersetzten ägyptischen Texten sehen, lediglich Annäherungen an die Laute sind, die von westlichen Ägyptologen verwendet werden, um die altägyptischen Begriffe/Worte aussprechen zu können.

3. Wir werden die für englischsprachige Menschen geläufigsten Wörter benutzen, um eine(n) Neter/Netert (Gott, Göttin), einen Pharao oder eine Stadt zu identifizieren, gefolgt von anderen Varianten dieses Wortes oder Begriffes.

Dabei ist zu beachten, dass der wirkliche Name der Gottheiten (Götter oder Göttinnen) geheim gehalten wurde, um die kosmische Macht der Gottheit zu schützen. Die Neteru wurden durch Beiworte benannt, die ihre besonderen Qualitäten, Attribute und/oder Aspekte ihrer Rollen beschrieben. Dies gilt für alle gängigen Bezeichnungen wie Isis, Osiris, Amun, Re, Horus, etc.

4. Beim Gebrauch des lateinischen Kalenders werden wir die folgenden Begriffe benutzen:

> **BCE** – Before Common Era. Wird andernorts auch als BC verwendet.
>
> BCE bedeutet „vor unserer Zeitrechnung" oder auch „v.Chr."
>
> **CE** – Common Era. Wird andernorts auch als AD verwendet.
>
> CE bedeutet „heutige Zeitrechnung" oder auch „n.Chr."
>
> *(Anmerkung des Übersetzers: In der deutschen Fassung wurde das gebräuchliche v.Chr./n.Chr. verwendet)*

5. Es gab/gibt keine alten ägyptischen Schriften/Texte, die von den Ägyptern selbst als „religiös", „bestattungsbezogen" „heilig", usw. eingestuft wurden. Die westliche Wissenschaft gab den alten ägyptischen Texten willkürliche Namen wie zum Beispiel das „Buch von Diesem" und das „Buch von Jenem", „Bereiche", „Äußerungen", „Zauber" usw. Die westliche Wissenschaft hat sogar entschieden, dass ein bestimmtes „Buch" eine „thebanische Version" hatte oder eine „Version dieser und jener Zeitperiode". Nachdem sie ihren eigenen erfinderischen Kreationen selbst glaubten, beschuldigten die Akademiker die alten Ägypter Fehler in ihren Schriften gemacht zu haben und dass Teile ihrer Schriften fehlten?!!

Zur leichteren Orientierung werden wir diese gängigen aber willkürlichen Kategorisierungen der altägyptischen Texte durch die westliche Wissenschaft erwähnen, auch wenn die alten Ägypter dies nie taten.

4

KARTE VON ÄGYPTEN

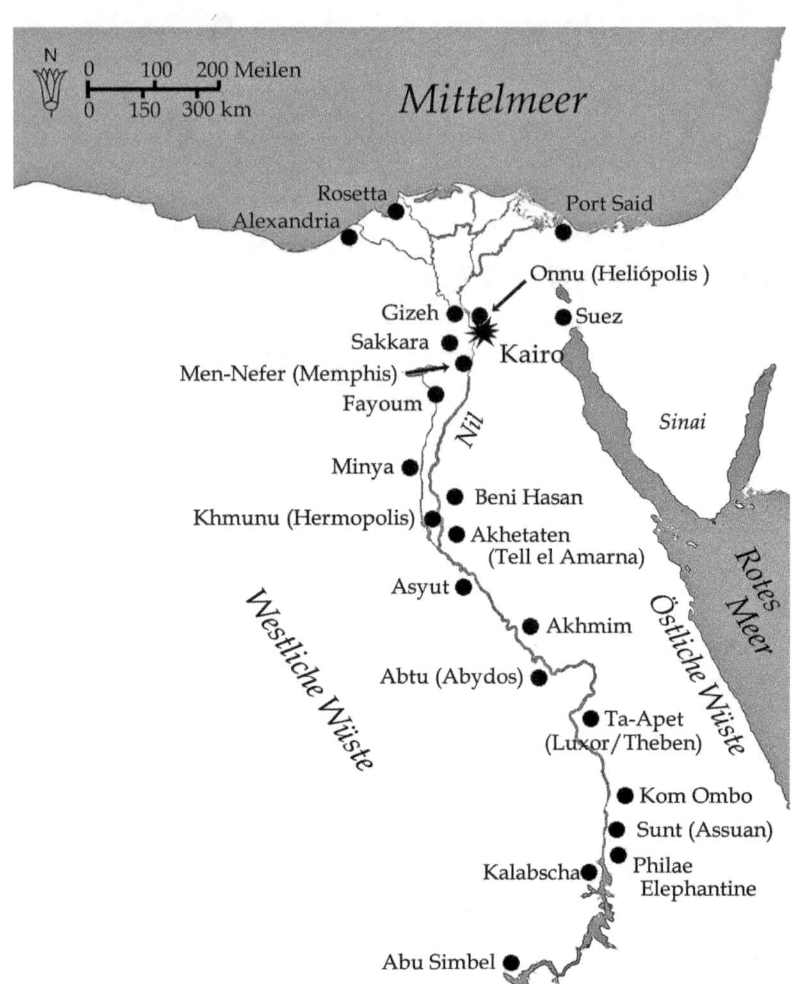
N
0 100 200 Meilen
0 150 300 km
Mittelmeer
Rosetta
Alexandria
Port Said
Onnu (Heliópolis)
Gizeh
Suez
Sakkara
Kairo
Men-Nefer (Memphis)
Fayoum
Nil
Sinai
Minya
Beni Hasan
Khmunu (Hermopolis)
Akhetaten
(Tell el Amarna)
Rotes
Meer
Asyut
Westliche Wüste
Akhmim
Östliche Wüste
Abtu (Abydos)
Ta-Apet
(Luxor/Theben)
Kom Ombo
Sunt (Assuan)
Philae
Elephantine
Kalabscha
Abu Simbel

I

ÜBERBLICK

1

Hintergründe

Uns wurde in der Schule beigebracht, dass die Pyramiden nichts anderes seien als Gräber, die von tyrannischen Pharaonen erbaut wurden und dass Sklaven dazu verwendet wurden, beim Bau dieser Pyramiden diese großen Steine auf vorübergehenden Rampen hoch zu schleppen. Diese allgemeinen Ansichten sind jedoch durch nichts zu beweisen.

Wenn man die Fakten untersucht, besonders, wenn man die Pyramiden besucht, wird man feststellen, dass die allgemeinen Ansichten über die Pyramiden so unglaublich unlogisch sind, dass man selbst daran zu zweifeln beginnt.

Die in diesem Buch vorgestellten Beweise werden die Falschheit der existierenden aber dennoch unbegründet formulierten "Theorien" beweisen.

In diesem Buch werden umfangreiche Beweise dafür vorgelegt, dass:

1. Die Steinpyramiden KEINE Gräber sind.
2. Die Steinblöcke von Menschen gemacht wurden und niemals hätten abgebaut werden können.

2

Die echten gemauerten Pyramiden

Es gibt zahlreiche Bauten, die eine echte oder scheinbare Form einer Pyramide haben/hatten. Die echten Pyramiden sind jedoch die, die im Kern aus einem festen Mauerwerk bestehen. Die Leute vergessen, dass eine Pyramide nach geometrischer Definition, wie sie es in der Schule gelernt haben, *„ein fester Körper“* ist, *„der eine polygonale Basis hat, dessen Seiten die Basen von Dreiecksflächen bilden, die sich an einem gemeinsamen Scheitelpunkt treffen.“*

Diese gemauerten ägyptischen Pyramiden wurden alle während der 4. Dynastie erbaut. Innerhalb von wenig mehr als einem Jahrhundert wurden 25 Millionen Tonnen Kalkstein verwendet, um diese Pyramiden zu bauen. Später wurden während der 5. und späteren Dynastien unechte „Pyramiden“ gebaut.

Die unechten “Pyramiden” sind aus losem Steinschutt und Sand gebaut – der im Grunde die Müllkippe des Aushubmaterials darstellt – aufeinandergehäuft und zwischen die Steinwände geklemmt. Die meisten sind wenig mehr als Schutthalden, weil diese Art der Konstruktion sich schnell verschlechtert, wenn die Verkleidung schwer beschädigt oder entfernt wird.

Was die wichtigsten gemauerten Pyramiden Ägyptens aus der 4. Dynastie betrifft, so sind es – ihrer Baureihenfolge nach – diese:

1. Die Meidum-Pyramide unter der Regentschaft des Snofru – 2575-2551 v.Chr.

2. Die Knick-Pyramide in Dahschur unter der Regentschaft des Snofru – 2575-2551 v.Chr.

3. Die Rote Pyramide in Dahschur unter der Regentschaft des Snofru – 2575 – 2551 v.Chr.

4. Die Pyramide des Khufu (Cheops) in Gizeh *(Cheopspyramide)* – 2551-2528 v.Chr.

5. Die Pyramide des Khafra (Chephren) in Gizeh *(Chephrenpyramide)* – 2520 – 2494 v.Chr.

6. Die Pyramide des Menkaure (Mykerinos) in Gizeh *(Mykerinospyramide)* – 2494 – 2472 v.Chr.

Die allgemein als "Stufenpyramide" bezeichnete Pyramide in Sakkara ist per Definition und aus anderen Gründen, die wir im nächsten Kapitel genauer darstellen, keine Pyramide.

Die wahren Pyramiden der 4. Dynastie sind völlig frei von JEDER religiösen Inschrift. Sie sind bestimmten Pharaonen zugeschrieben worden, basierend auf Herodots Berichten und Hinweisen einiger nahegelegenen Gebäude und Gräber, die sich indirekt auf die Pharaonennamen beziehen.

Man sollte daraus schließen, dass sie selbstlose Könige waren, die sie aus höheren und edleren Gründen gebaut haben, und nicht nur als persönliche Denkmäler.

Es gab auf jeden Fall ein Gesamtkonzept, welches diese bestimmte Anzahl an Pyramiden mit ihren spezifischen Größen und Gestaltungen und den bestimmten Orten erforderlich machte.

II

PYRAMIDEN KONTRA GRÄBER

3

Die Stufenpyramide des Djoser

3.1 DER SUPERBAU

Es gibt ein paar Hauptfakten über den Superbau, der von Djoser gebaut wurde:

(1) Es ist nicht wirklich eine Pyramide

(2) Die endgültige Form des Bauwerkes, die aus abgestuften Steinschichten besteht, war niemals die ursprüngliche Absicht dieses Bauwerks.

Das ursprüngliche Ziel war es, ein Grabmal in Form einer Mastaba zu bauen, um den König nach seinem Tod darin zu beerdigen. Der Bau einer „Stufenpyramide" war ein nachträglicher Gedanke, der erst ein paar Jahre später aufkam.

Das mastabförmige Grab ist von seiner Funktion und Struktur her unabhängig von dem späteren Zusatz der Stufen"pyramide".

Die Verwandlung vom ursprünglichen Mastaba-Grab in eine Stufenpyramide geschah in 5 Konstruktionsetappen.

Die Bauabschnitte können nachvollzogen werden, weil fast die gesamte Außenverkleidung verschwunden ist, sowie viele Lagen des Mauerwerks im Kern. Die Ost-, Süd- und Nordseite zeigt deutlich die fünf individuellen Bauabschnitte.

Die fünf Bauabschnitte sind:

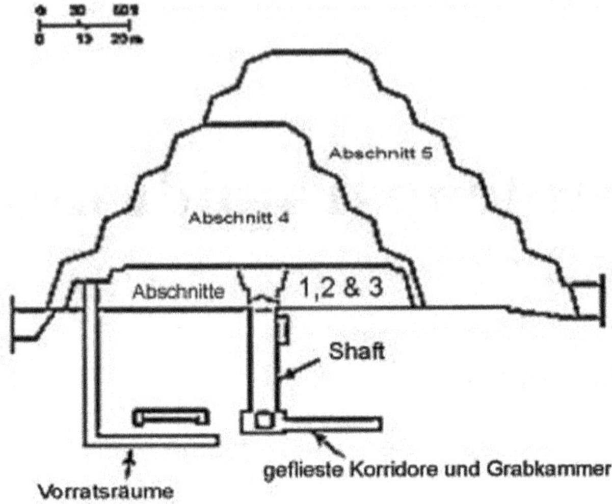

Der erste Abschnitt war der Bau einer ungewöhnlichen quadratischen Steinmastaba von 120x120x15 Ellen [63 m x 63 m x 8 m] (andere waren rechteckig), mit einer unterirdischen Grabkammer. Das Kernmauerwerk bestand aus kleinen Steinblöcken, die wie Ziegel übereinander gelegt waren. Die Steinmastaba war mit feinkörnigem Kalkstein verblendet, was beweist, dass dies das fertige Gebäude darstellen sollte.

Der zweite Abschnitt umfasste die Ergänzung mit 6 Ellen (3 m) feinstem Kalkstein entlang des Umfangs der Mastaba.

Der dritte Abschnitt war die Ergänzung eines weiteren Ausbau von zusätzlichen 15 Ellen (7,50 m) an der Ostseite, was einen rechteckigen Grundriss ergab.

Der vierte Abschnitt war der Bau einer vierstufigen Struktur aus Stein mit einem Gewicht von 200.000 Tonnen, auf der bestehenden Grabstruktur.

Der fünfte Abschnitt war die Ergänzung von zwei weiteren Stufen und der finalen sechsstufigen Pyramide, die anschließend mit feinem Kalkstein verblendet wurde, um ihr ein glattes Aussehen zu verleihen.

Endgültige Maße:
Höhe: 115 Ellen (197′ oder 60m)
Basis: 270 x 225 Ellen (459′ x 387′ oder 140m x 118m)

In einfachen Worten handelt es sich bei diesem Bau im Prinzip um ein Mastaba-Grab, das mit einer Reihe von Kalksteinstufen bedeckt wurde.

>> Der Hauptzweck dieses Bauwerks war die Bestattung von Djoser und seiner Familie. Die Stufenpyramide war ein nachträglicher Einfall.

>> Die Begräbniskammern sind kein integrierter Bestandteil des Pyramidenbaus.

3.2 Unterirdische Kammern

Die unterirdischen Kammern unterhalb der Stufenpyramide unterscheiden sich sehr stark von den steilen und eingeschränkten Durchgängen in den wahren Pyramiden von Gizeh, Dahschur und Meidum.

In Sakkara – am unteren Ende des Schachts – gibt es Grabkammern und ein Netzwerk aus Gängen und kleinen Kammern, die für das Lagern der Grabbeigaben und für die Bestattungen von Djoser und fünf Mitgliedern seiner Familie verwendet wurden.

Die Grabkammern dieses Stufenbaus sind zweifellos Grabkammern. Sie enthalten Inschriften, Opferräume und die meisten der Grabmerkmale, die man sowohl in früheren als auch späteren Gräbern fand. Einige dieser unterirdischen Kammern sind mit wunderschönen blauen Fayencefliesen ausgekleidet.

Es gibt Leute, die die Erfindung der blauen Fayencefliesen den Europäern zuschreiben wollen. Sie behaupten ohne jeden

Beweis, dass die Wände erst weit nach Djosers Zeit mit den Fliesen verziert worden seien.

Diese Behauptung ist völlig haltlos. Das sogenannte „Südliche Grab“ (siehe die später folgende Karte von Djosers Baukomplex), das nur 210 m von der Stufenpyramide entfernt liegt und das während Djosers Regierungszeit erbaut wurde, ist mit genau denselben Fliesen ausgelegt. Das „Südliche Grab“ war noch intakt, bis es von den Archäologen Lauer und Firth von 1924-26 ausgegraben wurde.

• • •

Genau hier, in einigen dieser unterirdischen Räume, wurden 40.000 Artefakte gefunden – inklusive Steingläsern und Gefäßen jeder nur denkbaren Größe, Form und Materials.

• • •

Das typische altägyptische Grab besteht aus zwei Teilen.

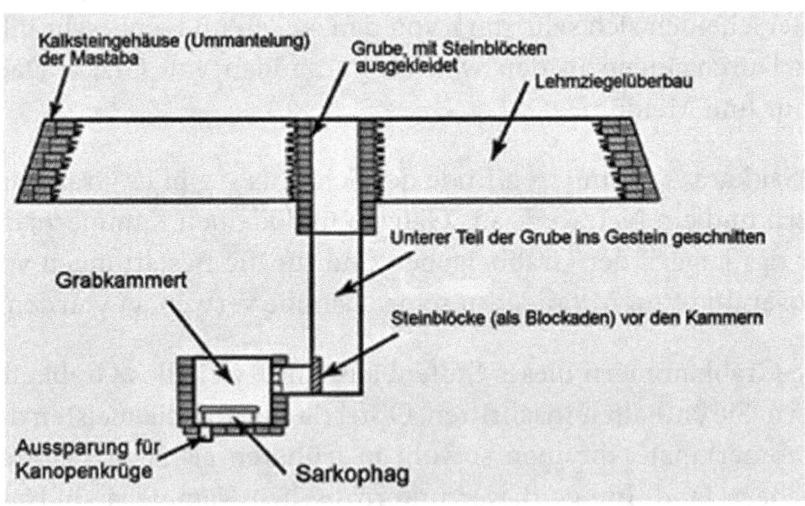

Ein Querschnitt eines typischen Mastaba-Grabmals

Die Megabauten waren rechteckig, niedrig im Verhältnis zu ihrer Länge, und mit konvexen Dächern. Sie variierten in ihrer Größe von 20 Quadratmetern bis zu einer Fläche von ¼ Morgen

(1 acre = 1 Morgen entspricht 4046.9 Quadratmeter, Anm. d. Ü.)

Die unterirdischen Teile enthielten die Grabkammern, die von vielen anderen Kammern und Lagerräumen für die weniger wichtigen Grabbeigaben umgeben waren. Die Grabkammer war eine schmale, aus dem Fels gehauene Kammer, zu der ein Schacht vom Dach der Mastaba hinunterführte.

>>> Mehrere Fotos zur Ergänzung des Textes dieses Kapitels finden sich in der digitalen Ausgabe dieses Buches, wie es in PDF- und E-Book-Formaten veröffentlicht wird.

4

Die fiktiven Gräber

In der Schule wurde uns beigebracht, dass die Pyramiden nichts weiter als Gräber sind.

Wenn wir die Fakten über die Pyramiden näher untersuchen, werden Sie feststellen, dass all diese allgemeinen Überzeugungen über die Pyramiden so unglaublich unfundiert sind, dass sie Ihr Vertrauen in Ihre Ausbildung und Ihr Wissen erschüttern können.

In praktisch allen Film- und Fernsehdokumentationen über Pyramiden werden Ihnen die Außenansichten der Pyramiden gezeigt.

Gefolgt vom Inneren des Grabes von Tutenchamun, das 2000 Jahre nach den Pyramiden gebaut wurde und Hunderte von Meilen von den Pyramiden entfernt liegt!

Die Täuschung ist klar, da die engen und schlichten Interieure der ägyptischen Pyramiden (siehe unten) ganz anders sind, als die großen reich verzierten Interieure der ägyptischen Gräber!

Wenn wir uns das Gizehplateau anschauen, sehen wir, dass die Pyramiden von Gizeh von Hunderten von Gräbern umgeben sind, die man gemeinhin als Mastabas kennt. Diese sind die wahren Beerdigungsstätten der Ägypter, wo die Könige begraben wurden – zwischen anderen Menschen, vor und nach dem Bau der Pyramiden.

Man muss verstehen, wie die ägyptischen Bestattungssitten waren. Die Könige wurden in einfachen rechteckigen Holzkisten begraben, bedeckt mit Totentexten und Inschriften. Der hölzerne Sarg wurde in einen Steinsarkophag gelegt, der ebenfalls mit Grabtexten und Inschriften bedeckt war.

>> Die lebenswichtige Bedeutung der heiligen Inschrift in dem ägyptischen Grab kann gar nie genug betont werden. Für die Ägypter dienten diese Inschriften als Nachschlagewerke oder Karten für den Einzelnen, um seinen/ihren Weg durch das Leben nach dem Tod zu finden. Die symbolischen und repräsentativen Figuren und Skulpturen und Geräte waren dazu bestimmt, jegliche individuellen Bedürfnisse, die der Einzelne im Jenseits hatte, zu erfüllen.

Die großen gemauerten Pyramiden in Gizeh, Dahschur und Meidum sind völlig frei von diesen wichtigsten heiligen Inschriften.

—

Die wichtigsten Unterschiede zwischen den Pyramiden und ägyptischen Gräbern sind:

▲ Zum einen sind die echten Pyramiden völlig frei von JEGLICHEN religiösen Inschriften, Opferräumen und anderen Grabmerkmalen, die man sowohl in früheren als auch späteren Gräbern fand. Allein schon das Fehlen dieser Elemente entkräftet seine Funktion als Grab, weil die Bestattungsriten für die Reise des Verstorbenen ins Jenseits unverzichtbar waren.

Die heiligen Inschriften dienten als Nachschlagewerke oder Karten für den Einzelnen, um seinen/ihren Weg durch das Jenseits zu finden und die symbolischen und repräsentativen Figuren und Skulpturen und Geräte waren dazu bestimmt, jegliche individuellen Bedürfnisse, die der Einzelne im Jenseits hatte, zu erfüllen.

▲ Zweitens gibt es zu wenige leere „Steinkisten“ und zu viele leere Räume in diesen echten Pyramiden, um zu vermuten, dass sie Gräber waren.

▲ Drittens, wenn wir hypothetisch annehmen, dass Räuber die Steinkisten und ihre Deckel zerschlagen haben könnten, kann man kaum die Logik akzeptieren, dass diese Räuber sich die Mühe gemacht hätten, die zertrümmerten Steinkisten zu stehlen. Trotz sorgfältiger Suche wurden nirgendwo in den Passagen und Kammern der Pyramiden Bruchstücke zerbrochener Steinkisten oder deren Deckel gefunden.

▲ Viertens sind die Durchgänge in den echten Pyramidenbauten zu schmal für die Handhabung der Steinkisten. Diesen wahren Pyramiden fehlt eindeutig ausreichend Platz, um Vorkehrungen für Menschen zur Bearbeitung von Zeremonialobjekten zu treffen.

Wir wissen aus der Untersuchung zahlreicher Mumien aus der Ära der Pyramidenzeit, dass die Menschen größer als 1,50 m waren, was es ihnen unmöglich macht, aufrecht in diesen Durchgängen (weniger als 1,20 m hoch) zu gehen.

Wie bereits zuvor gezeigt, und wie wir später noch detailliert darstellen werden, begegnen wir solchen engen Durchgängen in allen großen ägyptischen Steinpyramiden.

Vergleichen Sie die engen, steilen Passagen in den Steinpyramiden mit irgendeinem ägyptischen Grab. Dabei stellen wir fest, dass die ägyptischen Gräber geräumige Durchgänge für Menschen und zur Handhabung von Zeremonialgegenständen bieten.

▲ Fünftens, ein Pharao, Snofru (2575-2551 v.Chr.), baute drei Pyramiden, und niemand erwartet, dass er in allen Dreien begraben wird.

▲ Und schließlich wurden niemals menschliche Überreste in den neun gemauerten Pyramiden gefunden. Diebe stehlen Schätze, aber sie würden natürlich Leichen meiden.

Wenn Sie die Stätten und Interieure dieser echten Pyramiden überprüfen, werden Sie die überwältigenden Beweise dafür entdecken, dass die Pyramiden nicht gebaut wurden, um irgendjemanden darin zu bestatten.

>>> Mehrere Fotos zur Ergänzung des Textes dieses Kapitels finden sich in der digitalen Ausgabe dieses Buches, wie es in PDF- und E-Book-Formaten veröffentlicht wird.

III

PYRAMIDEN – FUNKTIONEN UND FORMEN

5

Der Pyramidenkomplex

5.1 PYRAMIDEN UND TEMPEL

Es ist falsch, die Pyramiden als eine unabhängige Einheit zu betrachten. Wir müssen die Pyramiden als einen Bestandteil eines mehrteiligen Komplexes sehen, was bei allen echten gemauerten Pyramiden der 4. Dynastie der Fall ist. Jede dieser echten Pyramiden war ein Teil eines klassischen Pyramidenkomplexes, der aus einer Pyramide und einem Pyramidentempel (irrtümlicherweise als *Totentempel* bekannt) mit einem Aufweg zu einem Taltempel am Flussufer bestand.

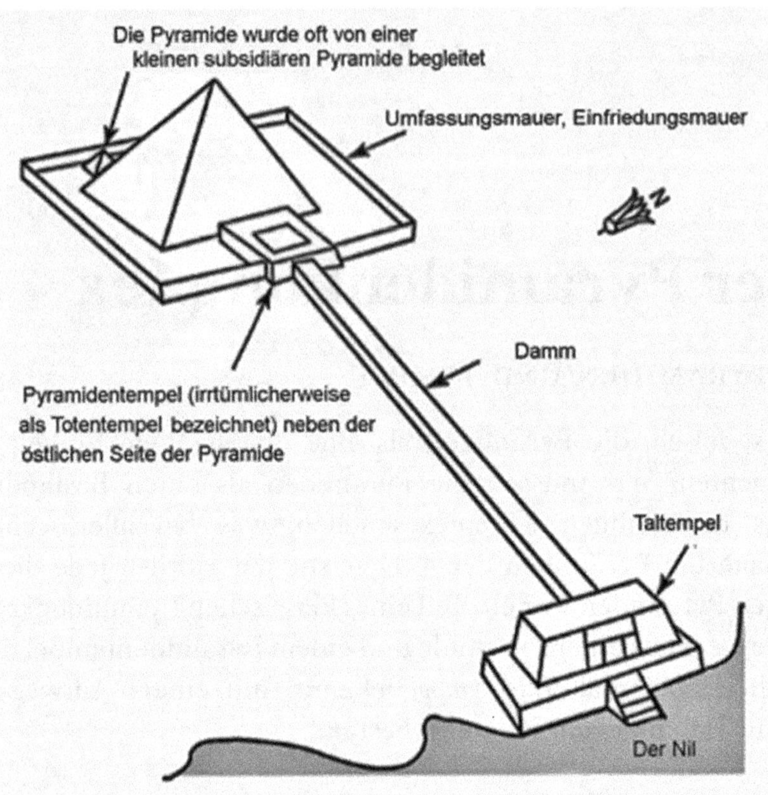

Die WAHREN Pyramiden waren geschlossene und versiegelte Bauten. Die Pyramiden waren nicht für die täglichen Aktivitäten/Rituale zugänglich, die in den beiden zugehörigen Tempeln innerhalb jedes Pyramidenkomplexes durchgeführt wurden.

Ein überlebendes Beispiel auf dem Gizehplateau ist der Chephren-Pyramiden-Komplex.

5.2 DIE ENERGETISCHEN PROPORTIONEN DER PYRAMIDENTEMPEL

Wie wir bereits zuvor gezeigt haben, war jede wahre Pyramide Teil eines Pyramidenkomplexes. Die Pyramide war versiegelt und unzugänglich – ohne Inschriften und Abbildungen. Ritualaktivitäten fanden in den Tempeln neben diesen Pyramiden statt.

Es ist einfach, die Positionen der verschiedenen Wände dieser Pyramidentempel festzustellen. Wir können aus diesem Schema ersehen, dass dieser Tempel entwickelt wurde, um im Einklang mit der Summationsreihe zu stehen – Tausende von Jahren vor ihrer falschen Akkreditierung zu Fibonacci (wie in der „Fibonacci-Reihe"). Diese lautet 2, 3, 5, 8, 13, 21, usw.

Der Chephren-Pyramidentempel folgt 10 aufeinanderfolgenden Zahlen dieser Reihe.

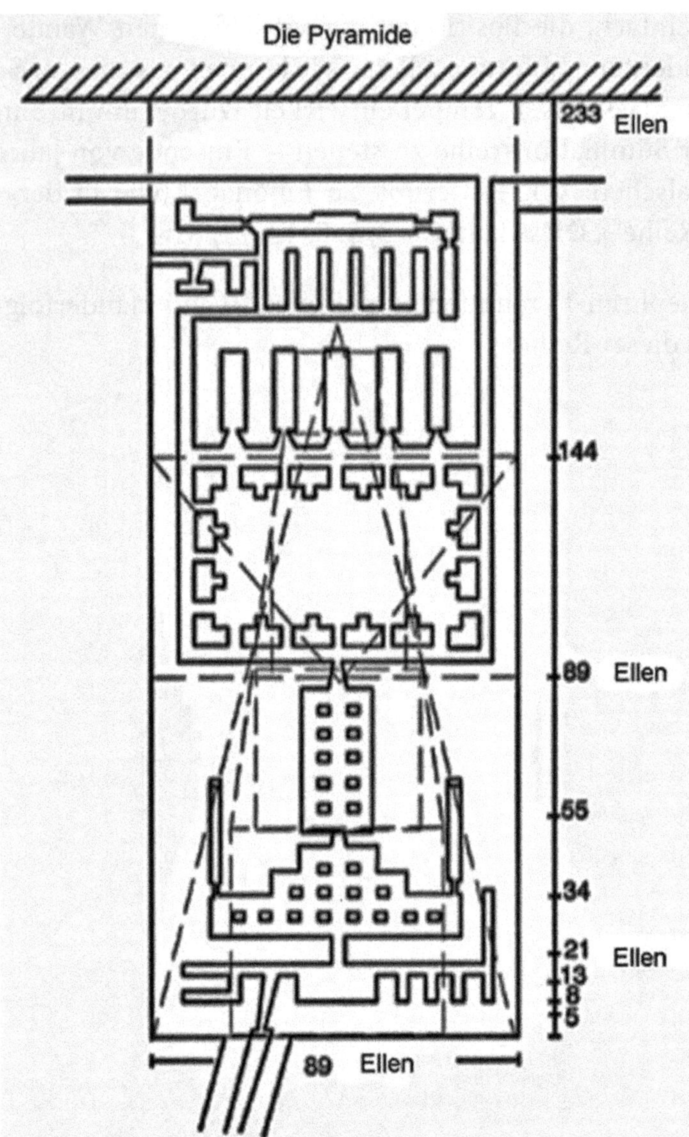

Anwendungen dieser Zahlenreihe wurden im Verlauf der gesamten ägyptischen Geschichte in unzähligen Bauten gefunden.

Die Summationsreihe findet sich überall in der Natur. Es ist das natürliche Gesetz, das das Wachstum in unserem gesamten Universum regelt.

Die Ägypter verstanden die kosmischen Naturgesetze und richteten all ihre Handlungen nach diesen Gesetzen aus. Sie harmonierten mit der Natur, weil der Mensch ein Teil der Natur ist.

Die alten Ägypter entwickelten ihre Arbeiten gemäß einem sehr strengen Proportionskanon. Die Beweise dieses detaillierten Kanons und seiner Anwendung in der Geschichte des alten Ägyptens sind überwältigend. Sie verwendeten die Prinzipien der heiligen Geometrie, des Goldenen Schnitts (gemeinhin als Phi bekannt), der Kreiszahl (gemeinhin als Pi bekannt), sowie die Summationsreihe (sogenannte Fibonaccireihe) vor über 5000 Jahren in allen Aspekten ihrer Architektur – insgesamt und in ihren Einzelteilen.

[Weitere Informationen finden Sie in dem Buch *„Die altägyptische mystische Architektur“* von Moustafa Gadalla.]

6

Pyramidenenergie

6.1 FORMVARIANTEN DER PYRAMIDEN

Die Beziehung zwischen Bearbeitung und Bauweise – oder Funktion und Form – gilt für eine Pyramide mit ihrer harmonischen Design-Gestaltung.

Die Pyramidenform besteht aus einer quadratischen Grundfläche und einem Dreieck Volumen.

- Der altägyptische Rahmenaufbau war in der Regel ein Quadrat, als Vertreter der manifestierten Welt (Quadratur des Kreises).
- Die Ägypter verwendeten verschiedene Formen von Dreiecken in ihrer Gestaltung, abhängig von seiner jeweiligen Funktion/seinem Zweck.

Zahlreiche ägyptische Amulette, die die Wasserwaage der Maurer darstellen, sind entdeckt worden und sind nun in den Museen der Welt verstreut (Turin, Louvre, ... etc.). Das 5:8 Dreieck stellt den größten Anteil dieser Formen dar, die auch das 3:4:5 rechtwinklige Dreieck und das gleichschenklige Dreieck beinhalten.

Δ Δ Δ

Die Menschen lieben es, die majestätischen Pyramiden zu betrachten. Sie sind überwältigt von ihren schieren Größe und Schönheit. Sie sind wunderschön, weil sie harmonisch proportioniert sind und unsere inneren und äußeren Gefühle ansprechen.

Gustave Flaubert, fasst es in seinen *"Briefen aus dem Orient/Reisetagebuch aus Ägypten"* von 1840 wie folgt zusammen:

„Das ist merkwürdig an ihnen, diesen wackeren Pyramiden, je mehr man sie sieht, um so größer erscheinen sie."

Die Steigungen der Pyramiden wurden nicht für ihre ästhetische Erscheinung willkürlich festgelegt, sondern als Folge der besonderen geometrischen Kriterien, die die Verhältnisse zwischen ihren Teilen bestimmen: Höhe, Kanten, Basis, und so weiter.

Δ Δ Δ

Wir werden mit der Cheopspyramide beginnen.

Beginnen wir unsere Nachforschung mit dem allgemeinen Verständnis der Beziehung zwischen Form und Funktion.

Es gibt gewisse unbestreitbare Fakten über Pyramidenkräfte. Die Fakten sind, dass, wenn Sie in der so genannten „Königskammer" der Cheopspyramide, oder in einem ähnlichen Modell der Pyramide, sehr leicht verderbliche Materialien platzieren, diese Materialien sich viel langsamer zersetzen, als wenn man sie anderswo auf der Welt platziert. Auch Menschen, die mit stumpfen altmodischen unlegierten Stahlrasierklingen experimentieren, indem sie sie über Nacht in einem Modell der Pyramide platzieren, stellen fest, dass die stumpfen Klingen ihrer Kanten am nächsten Morgen wieder ihre Schärfe erlangten.

Die Erkenntnisse aus allen Versuchen zeigen deutlich, dass die Pyramidenform selbst irgendwie für die Veränderung oder Beeinflussung der physischen, chemischen und biologischen Prozesse verantwortlich ist, die innerhalb einer gut proportionierten Pyramidenform stattfinden könnten.

Die Beziehung zwischen Bearbeitung und Bauweise – oder Funktion und Form – gilt für eine Pyramide mit ihrer harmonischen Design-Gestaltung.

Nun untersuchen wir die harmonischen Proportionen der Cheopspyramide.

Deren Design enthält

– Den goldenen (Neb) Schnitt (Phi)

– Die Kreiszahl (Pi)

Dies wurde durch eine leichte Veränderung von wenigen Inches im Basisumfang der Pyramide erreicht.

Manche denken, dass es reiner Zufall war, dass die Pyramiden so harmonisch proportioniert sind. Aber wir haben die Aufzeichnungen von Herodot von vor 2500 Jahren, der uns sagt, dass die ägyptischen Priester ihm erzählten, dass diese Pyramide absichtlich so entworfen worden war, *dass die Fläche jeder Seite gleich dem Quadrat ihrer Höhe ist.*

Herodots Berichte werden durch die tatsächlichen Abmessungen in den altägyptischen Maßeinheiten von Ellen bestätigt: 280 für die ursprüngliche Höhe und 440 für die Seite der Basis. Das Verhältnis dieser beiden Zahlen [280/220 = h / b = 14/11] entspricht der Quadratwurzel des Neb (Goldenen) Schnitts. Es gibt einen überraschenden Bonus. Teilen Sie zweimal die Basis durch die Höhe und Sie erhalten 3,14, einen praktisch perfekten Wert der Kreiszahl [allgemein bekannt als Pi].

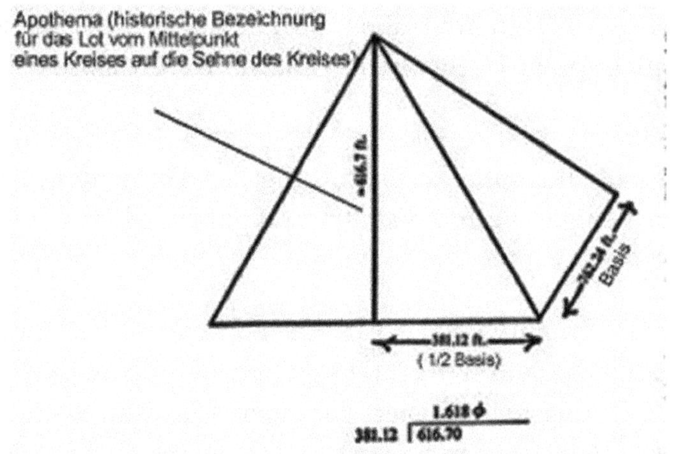

Die Integration der Kreiszahl in das Design der Pyramide ist ebenfalls von Bedeutung. Der Steigungswinkel von 51 ° 50 '35 " drückt die Kreiszahl (22/7) mit beträchtlicher Präzision aus. Der Aufsticgswinkel gibt der Pyramide eine einzigartige geometrische Eigenschaft, die die mystische Quadratur des Kreises darstellt: dass das Verhältnis des Umfangs der Pyramide zu ihrer Höhe gleich der doppelten Kreiszahl ist.

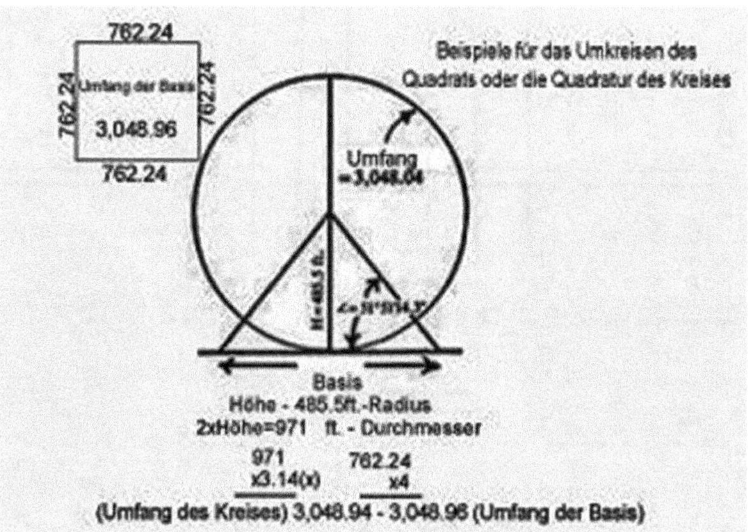

Die Einbeziehung dieser beiden heiligen Verhältnisse in die Gestaltung der ägyptischen Gebäude war kein Zufall. Alle ägyptischen Tempel-Einfahrtstraßen wurden entwickelt, um sowohl phi als auch pi zu integrieren – Tausende von Jahren vor den Griechen.

Die typische altägyptische Gestaltung der Türöffnung beinhaltete beide heiligen Verhältnisse (pi und phi), wie hier gezeigt und erläutert.

1. Der Gesamtentwurf der vertikalen Ebene ist das Doppel-Quadrat, Verhältnis 1: 2. [H = 2B]
2. Die Öffnungsweite basiert auf einem Quadrat, das in einem Halbkreis eingeschrieben ist – die typische altägyptische Art und Weise der Proportionierung eines Rechtecks der 5. Wurzel. Somit ist die Dicke der Türzarge 0,618 der Breite der Öffnung.
3. Die Höhe der Öffnung (h) = 3,1415 = pi

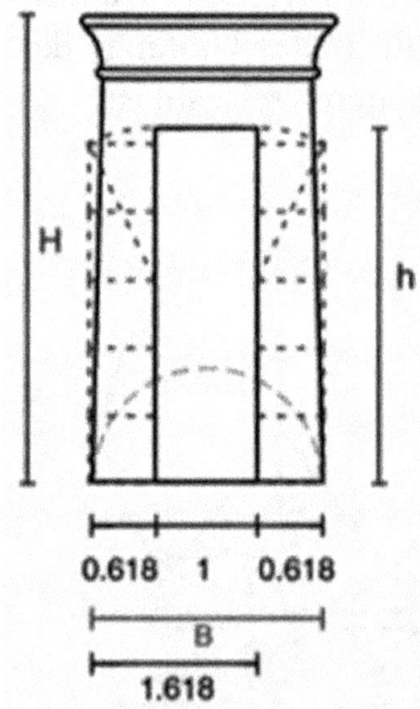

Zurück zu den Pyramiden von Gizeh.

Die Pyramide von Chephren ist auch eine harmonisch gestaltete

Struktur. Die dreieckige Form dieser Pyramide ist im Allgemeinen 3: 4: 5 Dreiecke, nebeneinander, wobei die Höhe 4 Einheiten auf der Basis von 6 wäre.

Plutarch schrieb über das 3:4:5 rechtwinklige Dreieck des alten Ägyptens in seiner Moralia Band 5:

> ***„Die Ägypter hielten die schönsten der Dreiecke in hohen Ehren,** da sie der Natur des Universums am ähnlichsten sind, wovon Plato in seiner "Politeia" ("Der Staat") bei der Formulierung seiner Gestalt der Ehe Gebraucht gemacht zu haben scheint. **Dieses Dreieck hat eine Senkrechte aus drei Einheiten, eine Basis von vier, und eine Hypotenuse von fünf, deren Potenz jener der beiden anderen Seiten entspricht.** Die Senkrechte kann daher mit dem Männlichen verglichen werden, die Basis mit dem Weiblichen und die Hypotenuse mit dem Kind von beiden, und so kann man Osiris als Ursprung, Isis als Empfangende und Horus als perfektioniertes Ergebnis ansehen. Drei ist die erste perfekte ungerade Zahl: Vier ist ein Quadrat, dessen Seite die gerade Zahl Zwei ist; aber Fünf ist in gewisser Weise seinem Vater ähnlich und in einigen Dingen seiner Mutter, da die Fünf aus der Drei und der Zwei gemacht wurde. Und panta (alles) ist ein Derivat der pente (fünf) und sie sprechen vom Zählen als „Nummerierung durch Fünfen".*
> *Die Fünf macht ein Quadrat aus sich selbst.*

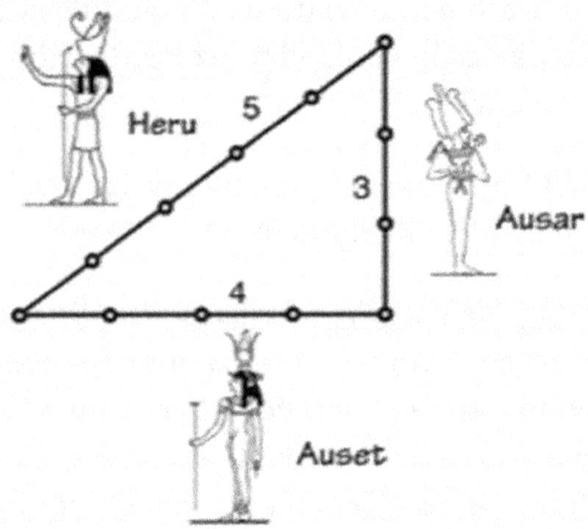

Und die letzte Pyramide in Gizeh, die von Mykerinos, ist in vielerlei Hinsicht *das Beste zum Schluss*. Obwohl es die kleinste und jüngste der drei Pyramiden auf dem Gizehplateau ist, hat sie ein sehr interessantes harmonisches Design. Ihr Querschnitt ist nahezu ein 5: 8 Dreieck, das den *Neb (Goldenen) Schnitt* darstellt.

Zusätzlich wäre das Verhältnis der Höhe zur Hälfte der Diagonalen 8: 9 (der perfekte musikalische Ton), mit einem Winkel zwischen der Kante und der Horizontalen von 51° 29′ 53″. Die Mykerinos-Pyramide endet mit einem perfekten oder hohen Ton.

Jetzt haben wir die beabsichtigten harmonischen Designs dieser Pyramiden gesehen – und wie sie mit den heiligen Proportionen zusammenhängen, die die Naturgesetze regieren, die die Beziehung zwischen Verarbeitung und Form regieren.

Der "Bluehouse" Effekt der Pyramiden

Die Pyramide funktioniert in ähnlicher Weise wie der Treibhauseffekt. Der Treibhauseffekt („Green-House-Effekt") ist im Grunde die Speicherung der Wärme aus dem Sonnenlicht auf der Erdoberfläche, was durch das atmosphärische Kohlendioxid verursacht wird, welches die kurzwellige Strahlung durchlässt, aber die langwellige Strahlung absorbiert, die von der Erde abgestrahlt wird.

Die Pyramiden wurden harmonisch proportioniert, um wie Gewächshäuser zu funktionieren, d. h. um bestimmte Energien anzuziehen und zu speichern. Die Form einer perfekt proportionierten Pyramide kann die sogenannte *Orgonenergie* bündeln.

Orgon kommt aus dem Weltraum. Es ist das, was die Sterne funkeln lässt und den Himmel Blau macht.

Orgon kann durch den Bau einer Box mit Holz auf der Außenseite und Eisenblech auf der Innenseite angesammelt werden. Das organische Material lässt das Orgon durch und das Metall-Interieur reflektiert es.

Daher kann man diesen Zustand/das Phänomen auch den "Bluehouse Effekt" nennen. Abnorm hohe Konzentrationen von Psi-Org-Energie bauen sich in einer solchen Box auf.

"Psi-Org" kombiniert die Abkürzungen für "psychische" und "Orgon"energie. Sie sind verschiedene Namen für dieselbe Energie. Das Psi-Feld, das die menschliche Aura produziert und das für alle psychischen Kräfte verantwortlich ist, ist nichts anderes als das, was Wilhelm Reich, Freuds umstrittener österreichischer Schüler, *Orgonenergie* nannte.

Die Ägypter wussten alles über Psi-Org-Energie, weil sie sie verwendeten. Die alten Ägypter waren die Ersten, die entdeckten, dass die Form der gut proportionierten Pyramide die Psi-Org-Energie sammeln kann.

Der „Bluehouse Effekt" erhöht sich drastisch, wenn die Oberfläche der Pyramide beschichtet ist.

Frühe Historiker und Reisende erzählten uns, wie die Verkleidungssteine der Pyramiden glänzten. Verkleidungssteine wurden während und nach dem 13. Jahrhundert abgebaut, um Moscheen und Paläste zu bauen, oder zum Brennen von Kalk.

Tests mit dieser Art von Energie wurden von Dr. Harald Puton, einem sehr kompetenten belgischen Physiker, durchgeführt, der festgestellte, dass jede Form von Psi-Energie durch das Sitzen unter einer solchen harmonisch proportionierten Pyramide erhöht wird. Eine Person ist stärker telepathisch, hellsichtiger, präkognitiver. Es ist einfacher, außerkörperliche Erfahrungen unter diesen Bedingungen einzuleiten. Darüber hinaus ist die Aura des Köpers in einer Pyramide intensiver.

Δ Δ Δ

Die Energiekanäle im Inneren der Pyramiden

Wie bereits erwähnt, haben die echten festen Steinpyramiden schmale Gänge und einige leere Räume, die völlig frei von irgendwelchen Grabinschriften und Funktionen sind.

Demgegenüber haben die späteren, unechten Trümmerhaufen geräumige Gänge sowie Beerdigungs- und Opferräume, die mit Begräbnistexten bedeckt sind.

Die Innenräume dieser richtig geformten soliden Pyramiden sind im Grunde ein Netzwerk von Energiekanälen. Ein solches Energienetzwerk besteht aus leeren Räumen, engen Gängen, großen Korridoren, steilen Anstiege, leeren Wänden, glatten Oberflächen usw.

Die allgemeinen Merkmale der richtig geformten Pyramiden während der 4. Dynastie sind:

1. Ab der Meidum Pyramide lagen die Eingänge zu allen (späteren) gemauerten Pyramiden ein Stück über dem Boden. Die inneren Räume lagen meistens über der Basis der Pyramide selbst.

2. Diese und alle nachfolgenden gemauerten Pyramiden haben das gleiche Muster von spürbar niedrigen und engen Durchgängen, in denen es an ausreichendem Platz mangelt, um sich zu bewegen oder gerade zu stehen.
3. Die schmale Eingangspassage hat eine Steigung von 1: 2, was die Passage zur Diagonalen des heiligen Doppelquadrates macht. Das 1: 2-Rechteck ist das auffälligste Element der ägyptischen architektonischen Gestaltung.

[Weitere Informationen finden Sie in dem Buch *"Die altägyptische metaphysische Architektur"* von Moustafa Gadalla]

Δ Δ Δ

Energiezentren kontra verlassene Räume

Die westlich gesinnten Akademiker, die der Meinung sind, dass die Pyramiden nichts anderes als nur Gräber sind, „erklären" alle leeren Räume in diesen herrlichen Bauwerken zu einer „Planänderung und der Aufgabe der Ägypter".

Die Theorie des Verlassens ist der allgemeine Fluchtweg für jene Menschen, die sich ihre Meinung gebildet haben, ohne alle Beweise zu berücksichtigen. Sobald sie die Idee übernommen haben, dass die Pyramiden Gräber waren, mussten sie nur noch die Beweise so verdrehen, dass sie zu ihren störrischen Ideen passen. Dabei hatten sie keine Probleme damit, irgendwelche Antworten zu fabrizieren.

Die Pyramiden von Gizeh und Dahschur, die überhaupt keine Beweise für jede Art von Bestattungen liefern, unterlagen gemäß dieser verrückten Theorie einer oder mehrerer dieser seltsamen Sinneswandlungen. Noch seltsamer ist die Tatsache, dass die Pyramiden von Gizeh und Dahschur den nachfolgend gebauten Pyramiden in jeglicher Hinsicht – Größe, Verarbeitung und Ausgestaltung – überlegen waren.

Es ist eigenartig, dass wir nur bei den besten Pyramiden von dieser Aufgabe-Theorie hören

Δ Es ist erwähnenswert, dass bei keiner der späteren unechten Pyramiden, die für Bestattungen verwendet wurden, diese Befürworter der Aufgabe-Theorie behaupteten, dass irgendeine Planänderung stattgefunden hätte.

Δ Die Präzision und Perfektion von allem, was Sie in den Pyramiden von Gizeh und Dahschur sehen, zeigt eine gründliche, gut durchdachte Vorplanung.

Δ Nur weil wir nicht den Zweck von allem, was wir sehen, kennen, gibt uns das noch lange keine Erlaubnis, Antworten und eine gefälschte Geschichte zu erfinden.

Später, wenn wir die Innenräume dieser Pyramiden untersuchen, werden wir die sogenannten aufgegebenen Zimmer und geänderten Pläne besprechen. Der Beweis liegt im Widerspruch zu den wilden und unbegründeten Vorstellungen der Akademiker.

>>> Mehrere Fotos zur Ergänzung des Textes dieses Kapitels finden sich in der digitalen Ausgabe dieses Buches, wie es in PDF- und E-Book-Formaten veröffentlicht wird.

Δ Δ Δ

IV

PYRAMIDENBAUTECHNIKEN

7

Die fehlerhafte "gängige Theorie"

7.1 DIE GÄNGIGE "THEORIE"

Viele akademische Ägyptologen behaupten, dass es keine altägyptischen Aufzeichnungen aus irgendeiner Periode gibt, die beschreiben, wie die Pyramiden gebaut wurden. Ihr Fehler ist, dass sie die Bauweise vorgegeben haben und nur nach Aufzeichnungen suchen, die ihre vorgefasste Theorie bestätigen. Daher haben sie eine Theorie erfunden. Ihre „erfundene" Theorie ist die folgende:

a. Die Pyramidenblöcke bestehen aus zwei Arten:

i. Die Kernblöcke, die zum größten Teil aus abgebauten lokalen Kalksteinblöcken gemacht wurden, die durch eine papierdünne Schicht Mörtel verkittet wurden

ii. Ein äußerer Verkleidungsstein aus feinkörnigem Kalkstein, der von Tura am östlichen Ufer des Nils abgebaut und mit einer Fähre über den Nil zum Bauort transportiert wurde

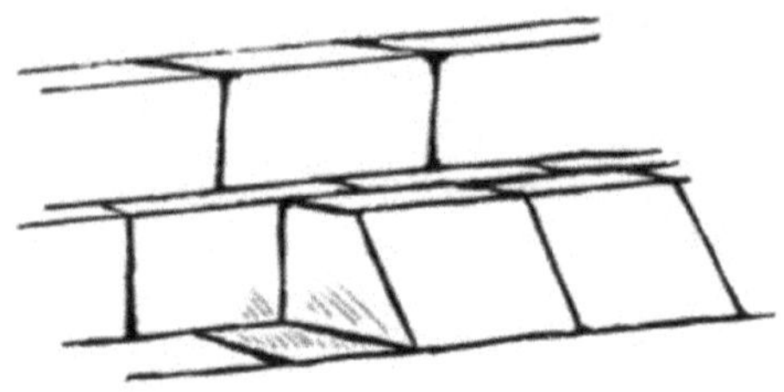

b. Um die Steinblöcke zu schneiden und in Form zu bringen, benutzten die Ägypter das Folgende:

i. Kupfer-Meißel und möglicherweise Werkzeuge aus Eisen

ii. Feuerstein-, Quarz- und Diorit-Schlagsteine

iii. große hölzerne Stemmeisen

c. Um die Steinblöcke zu transportieren, verwendeten sie Holzschlitten und Rollen. Dann wurden die „abgebauten" Steine temporäre Rampen hinaufgezogen, die an Höhe und Länge zunahmen, wenn sie bis zu der nachfolgenden Stufen der Pyramide angehoben wurden.

a. Die nicht identifizierte "Quelle" der abgebauten Steinblöcke

Lassen Sie uns die folgenden unbestrittenen Fakten über die Cheopspyramide von Gizeh betrachten. [Ähnliche Fakten, wie die hier erwähnten, gelten für alle gemauerten Pyramiden]

1. Die große Pyramide enthält rund 2,6 Millionen Bausteine die 2 bis 70 Tonnen pro Stück wiegen.

2. Fast keiner der Pyramidenblöcke entspricht chemikalisch oder mineralogisch dem Gizeh-Grundgestein.

3. Das Grundgestein des Gizehplateaus besteht aus Gesteins-

schichten, während die Pyramidenblöcke keine Gesteinsschichten enthalten

4. Gesteinsschichten und Mängel machen es unmöglich, den Stein in perfekte einheitliche Abmessungen zu schneiden.

5. Geologen und Geochemiker können sich nicht auf den Ursprung der Pyramidenblöcke einigen. Allein das zerschlägt bereits die bekannte Theorie, dass das Kernmauerwerk der Pyramide aus lokalem Grundgestein abgebaut wurde.

6. Naturstein besteht aus fossilen Muscheln, die horizontal oder flach im Felsuntergrund liegen, als Folge der Sedimentschichten, die sich über Millionen von Jahren zum Grundgestein ausgebildet haben. Die Blöcke der gemauerten Pyramiden von Ägypten zeigen durcheinandergeworfene Muschelschalen, was ein Hinweis auf einen von Menschen gemachten Kunststein ist. In jedem Beton sind die Stoffe durcheinanderwirbelt und als Ergebnis davon ist gegossener Beton frei von Sedimentschichten. Diese Pyramiden bestanden im Wesentlichen aus fossilem Muschelkalk, einem heterogenen Material, das sehr schwer präzise zu schneiden ist.

7. Französische Wissenschaftler fanden heraus, dass die Schüttdichte der Pyramidenblöcke 20% leichter ist als der örtliche Kalksteinuntergrund. Gussblöcke sind immer 20-25% leichter als Naturstein, weil sie voller Luftblasen sind.

b. Die Unmöglichkeit des Schneidens und Formens

1. Stein- oder Kupferwerkzeuge (Kupfer ist ein weiches Metall), die von den Ägyptern zu jener Zeit verwendet werden, können keine großen Granitblöcke oder Millionen von Kalksteinblöcken mit hauchdünner Präzision geschnitten

haben und niemals innerhalb der Zeit, die für den Bau dieser Pyramiden vorgesehen war.

2. Kalkstein splittert häufig während des Schneidens. Fehler und Gesteinsschichten im Grundgestein sind eine Garantie dafür, dass für jeden Block, der einer Norm entsprechend zugeschnitten wird, mindestens einer zerbrechen wird oder während der Bearbeitung eine ungenaue Größe erhält.

> **>In Anbetracht der vielen Millionen Blöcke all dieser Pyramiden sollten in der Nähe oder irgendwo in Ägypten Millionen von zersplitterten Blöcken liegen, aber sie sind nirgendwo zu finden.**

Kurz gesagt, kein Abfall von kaputten Blöcken bedeutet keinen Gesteinsabbau. Die alten Historiker, die ihre Besuche in Ägypten dokumentierten, haben keine Haufen von zerbrochenen Blöcken erwähnt.

3. Um die Steine abzubauen, haben einige vorgeschlagen, dass die Ägypter möglicherweise die Oberfläche der Steine mit Feuer auf eine sehr hohe Temperatur erhitzt und dann Wasser darauf gesprüht haben, um sie splittern zu lassen. Dieser Vorschlag ist falsch, weil:

Erstens führt dieses Verfahren zu unregelmäßigen Oberflächen und nicht zur Bereitstellung regelmäßig geformter Blöcke. Dieses Verfahren kann nur angewandt werden, um große Stücke aus Sandstein, Granit oder Basalt in kleine, unregelmäßige, fragmentierte Aggregate zu verkleinern.

Zweitens: Kalkstein mit Feuer zu erhitzen verwandelt ihn bei 704° C in Kalk. Mit anderen Worten, wir haben keine festen Felsstücke mehr. Daher ist die Herstellung von Pyramidenblöcken durch Erhitzen von Kalkstein unmöglich.

4. Es gibt etwa zehn Standard-Blocklängen in der gesamten Pyramide. In ähnlicher Weise gibt es auch eine begrenzte Anzahl von Standardgrößen in anderen Pyramiden. Eine derart große Anzahl an höchst einheitlichen Abmessungen zu schneiden ist unmöglich. Allerdings ist eine standardisierte Betongussform eine viel logischere Schlussfolgerung.

5. Eine weitere bestätigte Tatsache ist es, wie lange einige Blöcke sind. Es wurde festgestellt, dass die längsten Blöcke in den Pyramiden immer die gleiche Länge haben. Dies ist ein äußerst starkes Indiz für die Verwendung von Gussformen.

c. Die Theorie der Logistik der fabrizierten Rampen

Δ Dies ist eine komplette Erfindung, aber sie wurde so oft wiederholt, dass sie in den Köpfen der meisten Menschen zu einer Tatsache geworden ist.

Δ Herodot erwähnt nie solche Rampen. Seine historischen Berichte beschrieben den typischen steinernen Aufweg zwischen der Basis der Pyramide und dem Tal-Tempel. Dieser Aufweg war eine feste Größe, die wie Herodot beschrieb, 1006 m lang, 18 m breit und 15 m hoch war, und nicht verwendet wurde, um Blöcke zu schleppen.

Δ Viele Akademiker wollen glauben, dass der einzige Weg, die Pyramide zu bauen, der ist, sowohl die Höhe als auch die Länge einer temporären Rampe zu erhöhen, die auf die aufeinanderfolgenden Stufen der Pyramide angehoben wurde.

Δ Die Leute, die sich auf die Rampen-Theorie versteift haben, beziehen sich auf etwas, das eine Schlammrampe zu sein scheint, die man in Sekhemkets Anlage in Sakkara gefunden hat. Selbst wenn es eine Rampe war, war sie nur 7 m hoch. Die gebauten Pyramiden sind jedoch viel höher.

Δ Der dänische Bauingenieur, P. Garde-Hanson, hat berechnet, dass man, um eine Rampe den ganzen Weg bis zur Spitze der Cheopspyramide zu bauen, 17,5 Millionen Kubikmeter des Materials brauchen würde (7-mal mehr als für die Pyramide selbst). Eine Arbeitskraft von 240.000 (Personen) wäre nötig gewesen, um eine solche Rampe innerhalb der Herrschaftszeit des Cheops von 23 Jahren zu bauen.

Δ Um die Rampe nach der Fertigstellung der Cheopspyramide wieder abzubauen, wären eine Arbeitskraft von 300.000 (Personen) sowie weitere acht Jahre erforderlich gewesen. Eine so große Menge an Schutt ist aber nirgendwo in der Nähe sichtbar und wurde nie von den frühen Historikern erwähnt.

Δ Nach diesen unglaublichen errechneten Zahlen theoretisiert Garde-Hanson eine Kombination aus einer Rampe und einer Hebevorrichtung. Er stellte die Theorie einer Rampe vor, die die halbe Höhe der Pyramide erreichen würde. Auf dieser Höhe wären etwa 90 Prozent des Materials für die Pyramide verwendet worden. Das zweite Element seiner modifizierten Theorie, d. h., die geheimnisvolle Hebevorrichtung war und ist immer noch ein ungelöstes Rätsel.

Einmal angenommen wir würden Garde-Hansons Theorien zustimmen und versuchen, die erschütternden Zahlen anschaulich zu machen: 4.000 Steinmetze produzieren ganzjährig 330 Blöcke pro Tag. Während der Überschwemmungszeit werden 4.000 Blöcke täglich zum Nil transportiert und übergesetzt, eine Rampe zum Gizehplateau hochgezogen und im Pyramidenkern platziert – mit einer Geschwindigkeit von 6,67 Blöcken pro Minute. Stellen Sie sich das vor: 6,67 Blöcke alle 60 Sekunden!

Diese Geschwindigkeit ist unmöglich zu erreichen. Dies ist ein weiterer Grund, die Gültigkeit der Theorie über den Abbau der Steine und der Rampe außer Acht zu lassen.

Δ Der Bau und Abbau solcher Rampen wäre eine viel größere Herausforderung gewesen als der Bau einer der Pyramiden selbst. Daher, und weil die Akademiker von „primitiven Mitteln“ der alten Ägypter träumen, erschweren sie sich ihre eigenen unbegründeten Theorien selbst.

Δ Δ Δ

7.2 DIE VERGESSENEN DREI PYRAMIDEN DES SNOFRU

Snofru war während seiner Herrschaft von 24 Jahren in der Lage, die beiden wichtigsten Pyramiden von Dahschur sowie einc dritte Pyramide in Meidum zu bauen. Das bedeutet, dass er im Laufe seiner Herrschaft von 24 Jahren für die Produktion von rund neun Millionen Tonnen Stein – ein Mehrfaches der Menge der großen Pyramide von Gizeh – verantwortlich war. Allein der Versuch, die Logistik einer solchen Arbeit in modernen Begriffen zu berechnen, ist überwältigend.

Δ Δ Δ

7.3 ZUSAMMENSTELLUNG DER FRAGEN, DIE DIE IM WESTEN AUFGESTELLTE "GÄNGIGE THEORIE" WIDERLEGEN

Durch den Verzicht auf einen offenen Geist machten es sich diese Akademiker selbst schwer, Antworten auf viele Fragen zu finden.

Wie können wir – basierend auf den Elementen der „gängigen Theorie“ aus Stein schneiden, schleppen und Heben – die folgenden Fragen logisch beantworten:

1. Woher hatten sie diese große Menge, die sie zum Bau dieser und anderer Pyramiden brauchten? Es gibt keine physischen Beweise einer solchen wie auch immer gearteten Quelle.

2. Wie haben sie es geschafft, die schrägen Seiten der Pyramiden absolut flach zu machen?

3. Wie haben sie es geschafft, dass sich die vier schrägen Seiten punktgenau an der Spitze treffen?

4. Wie haben sie die Stufen so eben gemacht?

5. Wie konnten sie die Steine so schneiden, dass sie präzise aneinander passten?

6. Welche Werkzeuge haben sie verwendet?

7. Wie konnte die erforderliche Anzahl der Arbeiter (die auf 240.000 – 300.000 Personen geschätzt wird) auf der engen Baustelle arbeiten?

8. Wie konnten sie die Blöcke so einheitlich schneiden?

9. Wie konnten sie einige der schwersten Blöcke der Pyramide in so großer Höhe platzieren?

10. Wie konnten sie alle 115.000 Verkleidungssteine so machen, dass sie haargenau und eng aneinanderpassten, wie es in der Cheopspyramide der Fall war?

11. Wie konnten sie die gesamte Arbeit in ungefähr 20 Jahren bewerkstelligen?

Alle diese Fragen entkräften die “gängige Theorie”. Der gesunde Menschenverstand, zusammen mit den physischen Beweisen führt zu dem Schluss, dass die Blöcke von Menschen gemacht wurden, wie später noch erläutert wird.

>>> Mehrere Fotos zur Ergänzung des Textes dieses Kapitels finden sich in der digitalen Ausgabe dieses Buches, wie es in PDF- und E-Book-Formaten veröffentlicht wird.

8

Die wesentlichen Fakten

8.1 HERODOT UND DER PYRAMIDENBAU

Herodot hat weder die Herkunft des Kernmauerwerks aus lokalem Kalkstein erwähnt noch dass die Pyramidenblöcke zugeschnitten wurden. Er erklärte, dass Steine (nicht unbedingt *abgebaute Blöcke* sondern möglicherweise **Bruchstein**) von der Ostseite des Nils an die Baustelle gebracht wurden.

Hier ist ein Auszug aus Herodots Bericht:

> ***„Der Bau dieser Pyramide ging so vor sich: abgestuft wie Treppen, oder wie Absätze oder Altarstufen, wie man's auch nennen kann. Nachdem sie das Fundament gelegt hatten, hoben sie die Stein mit einer Maschine (Gerät), die aus kurzen Balken gebaut war, und so hoben sie die Steine vom Boden auf den ersten Absatz der Stufenfolge. Und auf dieser Stufe stand eine andere Maschine (Gerät), die die ankommenden Steine übernahm. Eine weitere Maschine (Gerät) hob den Stein auf die nächste Stufe. Entweder gab es soviele Maschinen wie Stufen oder es gab nur eine tragbare, die sie nacheinander von Stufe zu Stufe hoben, sobald sie die Steine höher heben wollten. Ich gebe beide Möglichkeiten an, weil beide erwähnt worden sind.“***

Der Begriff “mechane” (Maschine), das Herodot verwendet, ist ein unspezifischer Oberbegriff, der eine Art von Gerät anzeigt. Wenn das Wort „mechane“ (Maschine) übersetzt wird als ein Gerät wie eine (kurze hölzerne) Form, macht die ganze Beschreibung Sinn. Lassen Sie es uns auf diese Form hin erneut untersuchen:

> ***„...hoben sie die Stein mit einer Maschine (Werkzeug), die aus kurzen Balken gebaut war, und so hoben sie die Steine vom Boden auf den ersten Absatz der Stufenfolge. Und auf dieser Stufe stand eine andere Maschine (Werkzeug), die die ankommenden Steine übernahm. Eine weitere Maschine (Werkzeug) hob den Stein auf die nächste Stufe. Entweder gab es soviele Maschinen wie Stufen oder es gab nur eine tragbare, die sie nacheinander von Stufe zu Stufe hoben, sobald sie die Steine höher heben wollten. Ich gebe beide Möglichkeiten an, weil beide erwähnt worden sind."***

Eine Maschine kann als Apparat oder Werkzeug betrachtet werden. Falls Herodot nicht mit dem Wort „Werkzeug" vertraut war, hat er deshalb vielleicht den allgemeineren Begriff „Maschine" verwendet.

Diese hölzernen kurzen Formen wurden in Ägypten in verschiedenen Graden als Formvorrichtungen eingesetzt, um den von Menschen gemachten Beton in Blockform zu halten, bis der Beton trocken war.

Δ Δ Δ

8.2 ÄGYPTISCHE GUSSTECHNIKEN

Lassen Sie uns anschauen, wie die alten und sogar einige der modernen Ägypter Ziegelsteine herstellen. Sie drücken nassen Nilschlamm, vermischt mit Stroh und Sand, in eine Holzform. Dann werden die weichen Ziegel nach draußen gelegt, um in der heißen Sonne zu trocknen.

Daher war die Verwendung von hölzernen Formen, um damit den Kalksteinbeton in große Blöcke zu formen, nichts Neues für sie.

Die Ägypter waren sehr talentierte Schreiner und konnten Holzformen mit Leichtigkeit herstellen.

In Sakkara finden wir geformte Steinblöcke in der Stufenpyramide.

Die sehr elegante Gehäusewand und andere Gebäude zeigen, dass die Formsteine dazu verwendet wurden, die sehr eleganten und raffinierten architektonischen Details anzupassen.

Plinius der Ältere (23-79 n.Chr.), der römische Naturforscher, erklärte in der „Enzyklopädie der Naturgeschichte, Buch 31“, **dass die Ägypter echte Steine aus einer Vielzahl von Mineralien herstellten.**

Also war die Herstellung von Steinen für den Pyramidenbau keine große Leistung für sie. Sie hatten bereits seit langer Zeit andere Steine hergestellt. Die Herstellung der Steinblöcke für die Pyramiden war lediglich eine weitere Anwendungsmöglichkeit für ihr damaliges Wissen.

8.3 CHNUM: DER GÖTTLICHE FORMER

Es gibt Hinweise auf die Steinherstellung auf einer Stele, die allgemein als „Hungersnotstele“ bekannt ist und die sich auf der Insel Sehel, in der Nähe von Elephantine, südlich von Assuan befindet. Die Stele wird auf etwa 200 v.Chr. datiert. Es ist eine Kopie eines Textes aus dem Alten Reich, der aus der Regierungszeit des Djoser 2.500 Jahre früher, stammt.

Die drei Hauptfiguren auf der Stele sind Chnum, König Djoser und Imhotep (der das göttliche Prinzip der Form darstellt).

Diese Stele hätte *Chnums Alchemistische Stele* heißen sollen, denn sie enthält den Schlüssel zum Verfahren zur Herstellung synthetischer Steine.

Etwa ein Drittel des Inhalts dieser Stele bezieht sich auf Felsen und Erz und deren Verarbeitung. Zum Beispiel, Spalten 18 und 19 dieser Stele zitieren den göttlichen Former Chnum, der zu König Djoser spricht:

> ***Ich bin Chnum, dein Schöpfer, ... Ich gebe dir seltenes Erz nach seltenem Erz ... Noch nie zuvor hat jemand sie verarbeitet, (um Stein zu machen) um die Denkmäler zu bauen ...***

[Für weitere Informationen über das fortschrittliche altägyptische Wissen der Metallurgie und Herstellung aller Arten von Metalllegierungen, lesen Sie *„Altägyptische Kultur enthüllt"* von Moustafa Gadalla]

Δ Δ Δ

8.4 SYNTHETISCHE UND NATÜRLICHE BLÖCKE

Die Fakten zeigen, dass diese ägyptischen Pyramidenblöcke aus qualitativ hochwertigem von Menschen gemachten Kalkstein-Beton und nicht aus abgebautem Naturstein gefertigt waren.

Die Eigenschaften der Pyramidenblöcke in Gizeh stimmen mit

den vom Menschen gemachten Formbetonblöcken überein und können niemals aus einem natürlichen Bruchstein sein.

Das Beispiel der Chephrenpyramide liefert uns die visuellen Beweise.

Da der ursprüngliche Boden an der Chephren-Pyramide abfallend war, war es notwendig, ihn für die Basis eben zu machen. Daher beschnitten die Ägypter den natürlichen Boden, um eine ebene Grundlage zu schaffen.

Auf dem Gizehplateau können Sie den natürlichen Fels sehen. Der Naturstein hat die normalen Eigenschaften der gebildeten Sedimentschichten. Gesteinsschichten und Mängel machen es unmöglich, den Stein in perfekte einheitliche Abmessungen zu schneiden. Naturstein besteht aus fossilen Muscheln, die horizontal oder flach im Felsuntergrund liegen, als Folge der Sedimentschichten, die sich über Millionen von Jahren zum Grundgestein ausgebildet haben.

Neben diesem freigelegten Fels auf dem Gizehplateau können wir die Formation der Pyramidenblöcke sehen, die keinerlei Gesteinsschichten enthalten. Die Blöcke der gemauerten Pyramiden von Ägypten zeigen wirre Muschelschalen, was ein Hinweis auf einen von Menschen gemachten Kunststein ist. In jedem Beton, sind die Stoffe durcheinandergewürfelt und als Ergebnis davon ist gegossener Beton frei von Sedimentschichten.

[Die Zeichnung aus „Description de L'Egypte" („Beschreibung

Ägyptens"), das zwischen 1809 und 1813 von Francois Jomard geschrieben wurde, zeigt vermischte Muschelschalen in Pyramidenkernblöcken.]

Diese Pyramiden bestanden im Wesentlichen aus fossilen Muschelkalk, einem heterogenen Material, das sehr schwer präzise zu schneiden ist.

Ein näherer Blick auf die Pyramidenblöcke – wie diesen hier – zeigt uns, dass die oberen Schichten mehrerer Blöcke mit Löchern gespickt sind. Diese beschädigten Schichten sehen aus wie Schwämme. Die dichteren Grundschichten sind unbeschädigt.

In einer Betonmischung steigen Luftblasen und überschüssiges wässriges Bindemittel nach oben und produzieren eine leichtere, schwächere Form. Die raue Deckschicht hat immer etwa die gleiche Größe, unabhängig von der Höhe des Blocks.

Dieses Phänomen zeigt sich bei allen Pyramiden und Tempeln von Gizeh, das heißt geringes Gewicht, verwitterte schwache obere Abschnitte, was ein Hinweis auf gegossenem Beton statt Naturstein ist.

Δ Δ Δ

Die synthetischen Blöcke bestehen grundsätzlich aus ungefähr 90-95% Kalksteinschutt und 5-10% Zement.

Es ist eine bekannte Tatsache, dass der altägyptische Siliko-Aluminat-Zementmörtel dem heutigen wasserhaltigen Kalziumsulfatmörtel weit überlegen ist. Durch das Mischen des alten hochwertigen Zements mit fossilem Muschelkalk waren die Ägypter in der Lage qualitativ hochwertigen Kalksteinbeton herzustellen.

Alle erforderlichen Zutaten, um den synthetischen Betonstein ohne nennenswerten Schwund herzustellen, sind in Ägypten reichlich vorhanden:

1. Das Aluminiumoxid (Tonerde), das zur Tieftemperatur-Mineralsysthese verwendet wird, ist im Nilschlamm enthalten.

2. Natron-Salz (Natriumcarbonat) ist sehr reichlich in den ägyptischen Wüsten und Salzseen vorhanden.

3. Kalk, der die Grundzutat für die Zementproduktion ist, wurde leicht durch das Kalzinieren des Kalksteins in einfachen Feuerstellen erhalten.

4. Die Sinai-Minen enthielten arsenhaltige Mineralien, die benötigt wurden, um das schnelle hydraulische Abbinden der großen Betonblöcke zu produzieren. Natron (eine Art Flussmittel) reagiert mit Kalk und Wasser und erzeugt Ätznatron (Natriumhydroxid), der der Hauptbestandteil der alchemistischen Steinherstellung ist.

Aufzeichnungen über die Quelle der arsenhaltigen Mineralien, die zur Herstellung der Steine verwendet wurden, finden sich im Sinai wie zum Beispiel in Wadi Maghara.

Aufzeichnungen über die Bergbauaktivitäten während Djosers Herrschaft sind auf einer Stele in den Minen von Wadi Maghara im Sinai angegeben. Ähnliche Bergbauaktivitäten während der nachfolgenden Regierungszeit der Pharaonen der 3. und 4. Dynastie wurden ebenfalls am Sinai aufgezeichnet.

[Für weitere Informationen über die umfassenden Bergbauaktivitäten im Alten Ägypten sowie über das fortschrittliche altägyptische Wissen der Metallurgie und Herstellung aller Arten von Metalllegierungen, lesen Sie *„Altägyptische Kultur enthüllt“* von Moustafa Gadalla]

Δ Δ Δ

8.5 VERSCHIEDENE ARTEN SYNTHETISCHER BETONSTEINE

Ein von Menschen hergestellter Beton wird definiert als *Baumaterial, das aus Sand und Kies gemacht und mit Zement zu einer harten, kompakten Substanz verbunden wird, und das verwendet wird zum Bau von Brücken, Straßenoberflächen usw.*

Es gibt unzählige Betonmischungen mit unterschiedlichen Mischverhältnissen der Hauptbestandteile: Mineralstoffe, Zement, Wasser und Beimischungen. Verschiedene Anwendungen erfordern unterschiedliche Betonmischungen. Die alten Ägypter hatten eine große Bandbreite von Rezepturen für Betonmischungen in Verwendung. Beispiele:

Im Gizehplateau können wir drei Arten von Beton finden.

An der Cheopspyramide beispielsweise die drei Arten in den inneren Pyramidenblöcken, den äußeren Profilblöcken sowie die Pflastersteine um die Pyramidenstätte.

Die innen Pyramidenblöcke waren nicht dazu bestimmt, den Naturgewalten ausgesetzt zu werden, daher wurden sie nicht feiin abgestuft. Mit anderen Worten: sie waren eher Massenware. Als die äußeren Blöcke abgetragen wurden, wurden diese inneren Blöcke den natürlichen Elementen ausgesetzt. Im Laufe der Jahre haben sie sich schnell verschlechtert.

Die äußeren Blöcke waren dazu bestimmt, den Naturgewalten zu trotzen und daher wurden sie aus fein abgestuften Steinen gemacht, wie wir hier anhand dieser Fotografie aus der Chephrenpyramide in Gizeh sehen können:

Mastabas auf dem gesamten Gizehplateau verwendeten diese starke Betonmischung für die Außensteine in ihren Wänden, wie hier in diesem Mastabagrad in der Nähe der Großen Pyramide.

Die dritte Art der Betonmischung, die wir in Gizeh finden können, sind die Pflastersteine, die die Pyramidenbasis umgeben.

Die freiliegenden Pflastersteine an der Großen Pyramide zeigen uns den feinkörnigen Beton von solcher Qualität, dass er den durch den Verkehr verursachten Abriebkräften trotzen kann.

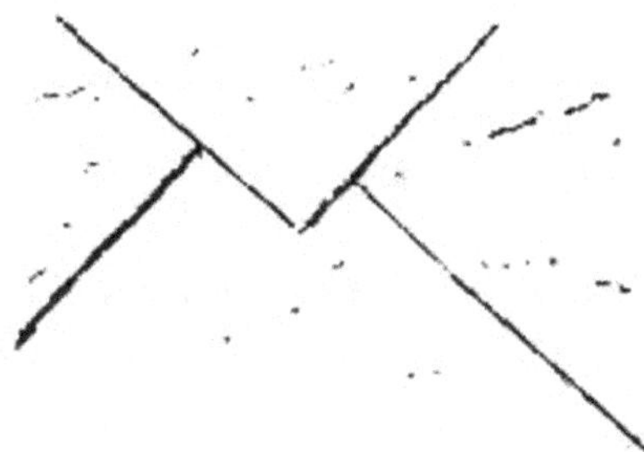

An der Chephrenpyramide sind die Pflastersteine in viel besserem Zustand. Sie haben ihre überragenden Eigenschaften seit Tausenden von Jahren beibehalten.

Eine weitere Anwendung von Betonmischungen ist die Art, die von den Ägyptern verwendet wurde, um ihre Bögen und Gewölbe zu bauen. Gewölbte Decken findet man seit dem Alten Reich in der Mykerinos-Pyramide (in Gizeh) und Mastabat Faroon (in Sakkara).

Konstruktionsdetails und Qualität findet man im Abydos Tempel.

Ägyptische Bedachungen beinhalteten verschiedene Krümmungen, wie man sie zum Beispiel im Hatschepsut-Tempel, Anubis-Schrein, finden kann.

Eine vierte Art von Betonblock wurde als Wellenbrecher in Alexandrias äußerer Hafenmauer eingesetzt. Er stammt noch aus der Zeit vor Alexander, wie in den klassischen griechischen und römischen Schriften erwähnt wird. Diese wurden entwickelt, um dem kontinuierlichen Wasserdruck der Wellen standzuhalten sowie dem Einfluss des Salzes im Meerwasser.

Eines der sieben Wunder der Antike, der *Leuchtturm von Pharos,*140 Meter hoch, stand auf der gleichnamigen Insel vor dem Hafen und zeigte den Schiffen, die wertvolle Güter aus der ganzen Welt geladen hatten, den Weg.

Δ Δ Δ

8.6 VERKLEIDUNGSSTEINE

- Δ Das Kernmauerwerk der Pyramiden wurden mit Gehäuseblöcken verkleidet, die aus feinkörnigem Kalkstein bestanden, der poliert erscheint und in der ägyptischen Sonne geleuchtet haben muss.

- Δ Die vier schrägen Flächen der Cheopspyramide wurden ursprünglich mit 115.000 dieser Verkleidungssteine – 5,5 Morgen *(1 acre = 1 Morgen entspricht 4046.9 Quadratmeter, Anm. d. Ü.)* auf jeder der vier Seiten. Jeder wog zehn bis fünfzehn Tonnen pro Stück. Der griechische Historiker Herodot erklärte, dass die Verbindungen zwischen ihnen so fein ausgekleidet waren, dass sie beinahe unsichtbar sind. Eine Toleranz von 0,01 Zoll war das Maximum zwischen diesen Steinen -so eng, dass kein Papier mehr dazwischengepasst hätte.

Die Verkleidungsblöcke in den Pyramiden der 4. Dynastie waren abgewinkelt, um die Steigung der Pyramide zu erzeugen. Aufgrund ihrer Form wurden die Gehäuseblöcke in einer umgekehrten Position gegen benachbarte Blöcke gegossen. Sobald sie gehärtet waren, wurden die Betonfassungen entfernt und die Blöcke wurden dann umgedreht und positioniert.

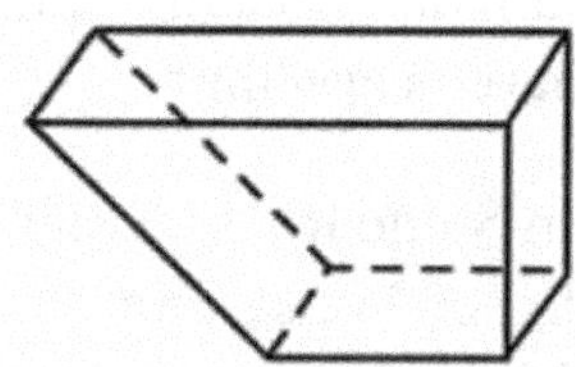

Umgekehrte Position eines Verkleidungsblocks, während er gegossen wurde.

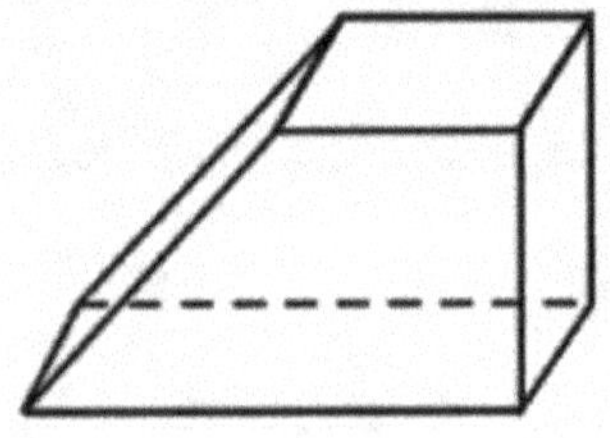

Endlage eines Verkleidungsblocks

Um die Beweise für eine solche Technik zu erhärten, fanden die Forscher heraus, dass die Inschriften auf den Verkleidungssteinen der Roten Pyramide von Snofru und der Cheopspyramide immer auf der Unterseite des Verkleidungsblöcke stand. Dies ist ein guter Beweis dafür, dass sie in der umgekehrten Position gegossen wurden. Wären die Verkleidungssteine geschnitten worden, wären die Inschriften auf verschiedenen Seiten gefunden worden, und nicht nur an einer Stelle.

Δ Δ Δ

8.7 ZUSÄTZLICHE BEWIESENE FAKTEN ÜBER SYNTHETISCHE PYRAMIDENSTEINE

Einige bereits aufgezählte Punkte sind es wert, hier nochmal wiederholt zu werden, um den Zusammenhang der Thematik zu vervollständigen. Wie bereits erwähnt:

a. Es gibt etwa zehn Standard-Blocklängen in der gesamten Pyramide. In ähnlicher Weise gibt es auch eine begrenzte Anzahl von Standardgrößen in anderen Pyramiden. Eine derart große Anzahl an höchst einheitlichen Abmessungen zu schneiden ist unmöglich. Allerdings ist eine standardisierte Betonfußform eine viel logischere Schlussfolgerung.

b. Eine weitere bestätigte Tatsache ist es, wie lange einige Blöcke sind. Es wurde festgestellt, dass die längsten Blöcke in den Pyramiden immer die gleiche Länge haben. Dies ist ein äußerst starkes Indiz für die Verwendung von Gussformen.

Lassen Sie uns zu den Beweisen, dass die Blöcke keine Natursteine, sondern qualitativ hochwertige Kunststein-Kalksteinbetonblöcke sind, die direkt an Ort und Stelle gegossen wurden, noch die folgenden unbestrittenen Fakten über die Cheopspyramide von Gizeh hinzufügen: [Ähnliche Tatsachen, wie die hier erwähnten, gelten auch für alle anderen gemauerten Pyramiden]

1. Die perfekt angepassten Millionen von Blöcken können durch das Gießen und Formen von Betonblöcken erhalten werden.

2. Im Jahr 1974 verwendete ein Team des Stanford Research Institutes (SRI) von der Stanford University, ein elektromagnetisches Peilgerät, um versteckte Räume zu orten. Die ausgesendeten Wellen wurden durch den hohen Feuchtigkeitsgehalt der Blöcke absorbiert. Daher scheiterte die Mission.

3. Die anschließende Frage lautete: Wie kann die Pyramide mitten in der trockenen Wüste Feuchtigkeit anziehen? Die Antwort ist: nur Betonblöcke behalten Feuchtigkeit, was ein weiterer Beweis dafür ist, dass die Pyramidenblöcke künstlich waren und nicht abgebaut.

4. Französische Wissenschaftler fanden heraus, dass die Schüttdichte der Pyramidenblöcke 20% leichter ist als der örtliche Kalksteinuntergrund. Gussblöcke sind immer 20-25% leichter als Naturstein, weil sie voller Luftblasen sind.

5. Der hauchdünne Mörtel zwischen den Steinblöcken bietet keine Kohäsionskraft zwischen den Steinblöcken. Dieser hauchdünne Mörtel ist tatsächlich das Ergebnis von über-

schüssigem Wasser im Betonschlamm. Das Gewicht der Aggregate in der Betonmischung quetscht wässrigen Zement an die Oberfläche, wo er sich absetzt und die dünne Oberflächenmörtelschicht bildet.

6. Organische Fasern, Luftblasen und eine künstliche rote Beschichtung sind auf einigen Blöcken sichtbar. Alle sind bezeichnend für den Gießprozess des von Menschen gemachten künstlichen Steins.

7. Die Deckschichten mehrere Blöcke sind ziemlich mit Löchern gespickt. Die beschädigten Schichten sehen aus wie Schwämme. Die dichteren Grundschichten sind unbeschädigt. In einer Betonmischung steigen Luftblasen und überschüssiges wässriges Bindemittel nach oben und produzieren eine leichtere, schwächere Form. Die raue Deckschicht hat immer etwa die gleiche Größe, unabhängig von der Höhe des Blocks.

   Dieses Phänomen zeigt sich bei allen Pyramiden und Tempeln von Gizeh, das heißt geringes Gewicht und verwitterte schwache obere Abschnitte, was ein Hinweis auf gegossenem Beton statt Naturstein ist.

8. Die größten Blöcke, die man überall in den altägyptischen Denkmälern von Gizeh findet, zeigen viele Wellenlinien und keine horizontalen Linien. Wellenlinien bilden sich, wenn der Betonguss für einige Stunden gestoppt wird (z. B. ein Stillstand über Nacht).

   >Der zuvor gegossene Beton verfestigt sich und das Ergebnis ist eine Wellenlinie, die sich zwischen diesem und dem nächsten Gießvorgang entwickelt.

   Schichten im Fundament sind horizontal und gerade, während Wellenlinien sich entwickeln, wenn das Material in eine Form gegossen wird.

9. Moderner Mörtel besteht ausschließlich aus wasserhaltigem Kalziumsulfat. Altägyptischer Mörtel basiert auf einem Silico-Aluminat, ein Ergebnis einer Geopolymerization.

10. Diese perfekt passenden von Menschen gemachten Betonblöcke sind nicht auf die Pyramiden beschränkt, sondern finden sich in Hunderten von Grabkapellen in Gizeh und anderswo.

    Und hier finden wir auch keine vertikalen Fugen und die Blöcke passen perfekt.

10. Die großen Pflastersteine, die die Pyramiden umgeben, sind ebenfalls perfekt eingebaut – was durch den Plan der Ägypter, die keine durchgehenden Risse haben wollten, erschwert wird. So haben wir perfekt angepasste, riesige unregelmäßig geformte Blöcke – die nur durch eine von Menschen gemachte Betonmischung hergestellt werden können.

11. Die einzige erhaltene Aufzeichnung der Aktivitäten von Khnum-Cheops Herrschaft sind die im Sinai eingravierten Szenen, die auf eine umfangreiche Bergbau-Expedition zum Abbau von arsenhaltigen Mineralien hinweisen, welche erforderlich sind für die Steinherstellung.

Δ Δ Δ

8.8 DIE FRÜHEREN UNGLAUBLICHEN STEINMETZARBEITEN VON SAKKARA

Ein Jahrhundert vor dem Bau der großen Pyramiden der 4. Dynastie wurde ein noch eindrucksvolleres größeres Steinmetzdenkmal in Sakkara gebaut. Es war der Baukomplex von Djoser. Die Stufenpyramide des Djoser liegt innerhalb der Grenzen des Pyramidenkomplexes des Djoser. Dieser Komplex wurde während der Herrschaft des Königs Djoser (2630-2611 vor unserer Zeitrechnung) gebaut.

Der Komplex enthält, zusätzlich zu der Stufenpyramide, noch weitere Gebäude, Säulengänge und Tempel. Der gesamte Djoserkomplex ist ein Meisterstück an Harmonie und Ordnung.

Der Komplex ist ein perfektes Doppelquadrat, dessen Mauern sich exakt entlang der Kardinalrichtungen ausrichten.

Der Djoserkomplex in Sakkara enthält mindestens eine Million Tonnen Steine.

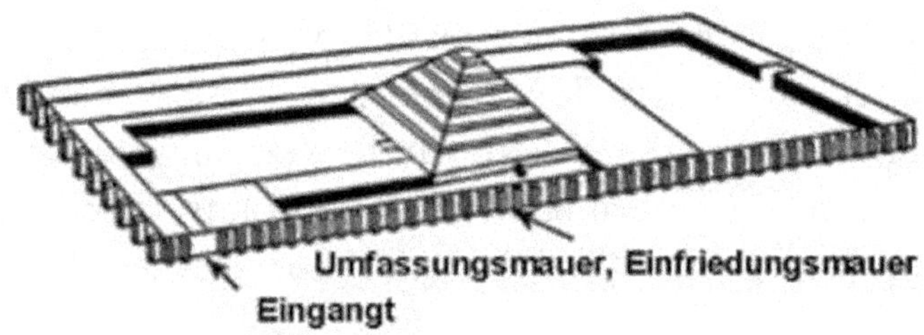

Der Pyramidenkomplex von Djoser

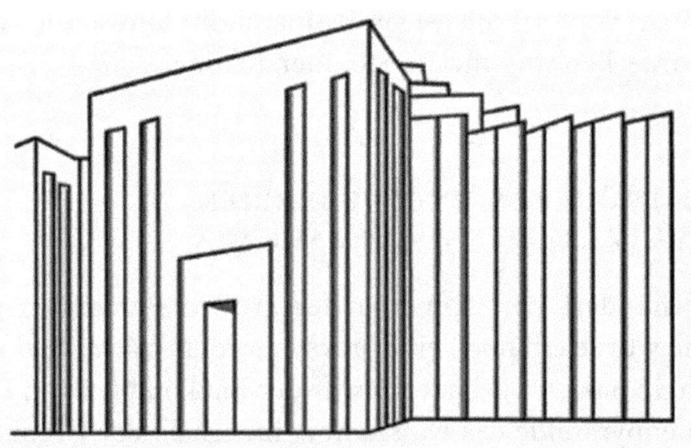

Die Umfassungsmauer/Einfriedungsmauer von Djosers Komplex

Die Steinmenge, die für den Djoserkomplex verwendet wurde (wie zum Beispiel für die Umfassungsmauer), weist auf eine Meisterschaft in der Steinherstellung hin, noch vor der Zeit von Cheops. Daher verdient dieser Komplex mehr Aufmerksamkeit als die Große Pyramide von Gizeh.

Die Umfassungsmauer ist Teil des Djoserkomplexes, den König Djoser erbaut hat. Sie umgibt ein Gebiet von mehr als einer Quadratmeile. Nach ihrer Fertigstellung war diese Mauer 1.000 Ellen (fast 549 Meter) lang und 500 Ellen (274 m) breit und erhob sich bis auf eine Höhe von über 9,10 m. Sie wurde aus Kalkstein gebaut und mit fein poliertem Kalkstein verputzt.

Die aufeinanderfolgenden Vertiefungen und Vorsprünge der Umfassungsmauer erforderten eine mehr als dreimal so große Menge an Steinen und Arbeitskräften wie eine ähnliche (flache) Wand.

Diese Umfassungsmauer hat 14 Bastionstore, aber nur eines davon ist echt. Die anderen 13 sind nur angedeutet.

Der Komplex ist ein perfektes Doppelquadrat, dessen Mauern sich exakt entlang der Kardinalrichtungen orientieren.

[Mehr über den Komplex, die einzigartige Architektur und Funktionen usw. finden Sie in *„Die altägyptische metaphysische Architektur“* von Moustafa Gadalla]

Δ Δ Δ

Es gibt mehrere andere Denkmäler in der Nähe des Djoserkomplexes in Sakkara, wie die Pyramiden von Sekhemket (2611-2603 v.Chr.), westlich der Pyramidenanlage des Unas, wo wir Steinblöcke finden, die über eine große Fläche verteilt sind. Diese Steinblöcke hier sind in ihrer Größe ähnlich denen von

Djosers Superbau („Pyramide“). Als Bestätigung für die von Menschen gemachten Steine fand sich der Name des Pharaos (Sekhemket) auf dem Monument im Sinai, in der Nähe der Minen, in denen die arsenhaltigen Mineralien abgebaut wurden, die man benötigte, um die Kalksteinblöcke zu machen.

Δ Δ Δ

Größere Abmessungen werden detailliert am Beispiel der sechs „echten“ Pyramiden in den folgenden Kapiteln besprochen.

>>> **Mehrere Fotos zur Ergänzung des Textes dieses Kapitels finden sich in der digitalen Ausgabe dieses Buches, wie es in PDF- und E-Book-Formaten veröffentlicht wird.**

V

DIE DREI PYRAMIDEN DES SNOFRU

9

Snofrus Meidum-Pyramide

9.1 DAS ÄUSSERE

Snofrus Meidum-Pyramide ist die südlichste gemauerte Pyramide.

Wenn man sich Meidum nähert, sieht man die Umrisse eines seltsamen Bauwerks, das überhaupt nicht wie eine Pyramide aussieht. Es sieht mehr aus wie eine Art hoher, stufiger Turm, der sich aus einer riesigen Schuttansammlung erhebt.

Dies sind die Überreste der zusammengefallenen Pyramide von Meidum.

∆ Wie es bei allen „echten" Pyramiden immer der Fall ist, ist auch diese frei von irgendwelchen Inschriften oder Hinweisen. Mehrere Graffiti auf und rund um die Ruinen zeigen, dass die

Ägypter selbst sie König Snofru (2575-2551 v.Chr.) zuschrieben. Trotz dieser Tatsache schätzen einige Leute, dass die Pyramide mindestens teilweise von Huni (2599-2575 v. Chr.), dem letzten der Könige der 3. Dynastie gebaut wurde. König Hunis Name ist nirgendwo in der Gegend erwähnt.

Alle Indizien zeigen, dass Snofru sie allein gebaut hat. Aber die Menschen, die darauf bestehen, dass die Pyramiden Gräber waren und nichts anderes, konnten nicht damit umgehen, dass Snofru drei Pyramiden hatte, was ihrer Meinung nach bedeutete: drei Gräber.

Dies ist der Grund, warum sie mit der unbegründeten Geschichte daherkamen, dass Huni diese Pyramide (zumindest teilweise) gebaut hätte.

Δ Die Meidum-Pyramide des Snofru

Höhe (original): 306 ,(93m)
Masse (original?): 1,5 Millionen Tonnen
Basis (Original): 482 ,(147m) im Quadrat
Winkel: 51 ° 50 '35 „

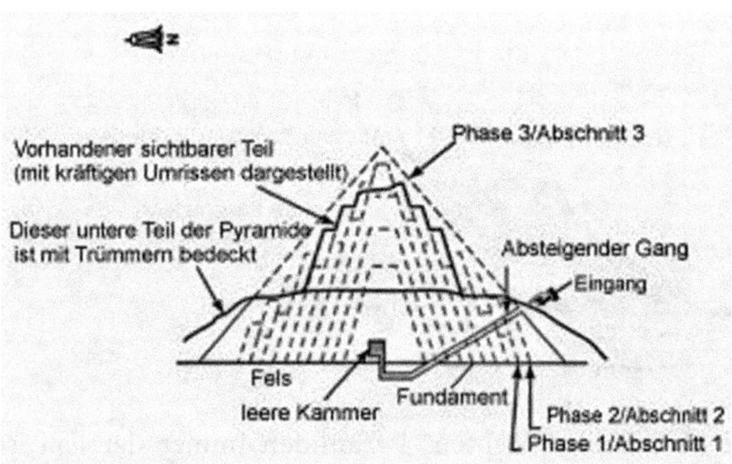

Δ Nachdem die Pyramide fertig war, wurden ein paar der Verkleidungssteine von ihrem Platz verschoben, daraufhin folgte eine eine Kettenreaktion und die gesamte äußere Hülle gab nach. Ein großer Teil des Kernmauerwerks wurde mit den losen Verkleidungssteinen herausgezogen. Als Ergebnis dieser Lawine bildete sich ein riesiger Schutthaufen um die Pyramide. Dies erklärt seine turmartige Erscheinung.

>> Die Anwesenheit des Pyramiden-Tempels (fälschlicherweise als Totentempel bekannt), neben der eingestürzten Pyramide, beweist, dass der Zusammenbruch aufgetreten ist, nachdem die Pyramide fertiggestellt worden war. Sie hätten diesen Tempel nicht neben der Pyramide gebaut, wenn die Pyramide tatsächlich während des Baus eingestürzt wäre. Um einen Tempel neben einer kollabierten Pyramide zu bauen, wäre ein fragliches und gefährliches Unterfangen gewesen.

Δ Die Blöcke dieser Pyramide wiegen etwa 250 kg. Es gibt keine Beweise dafür, dass diese Steinblöcke lokal oder anderweitig abgebaut wurden. Auf der anderen Seite zeigen Aufzeichnungen in den Minen des Sinais lebhafte Aktivitäten während der Snofru-Herrschaft. Solche Aufzeichnungen zeigen, dass Arsenmineralien, die für die Produktion der von Menschen gemachten Kalksteinblöcke benötigt wurden, hier abgebaut wurden.

Δ Diese eingestürzte Pyramide, die aussieht wie ein Turm, erinnert an den *Turm von Babel*. Die biblische Geschichte von dem Fall des Turms von Babel war wahrscheinlich eine verstümmelte volkstümliche Erinnerung an den Zusammenbruch der Meidum-Pyramide. Es wurde auch angenommen, dass die ursprünglichen sieben Stufen der Pyramide den sieben Planeten und ihren zugehörigen sieben musikalischen Klängen entsprachen. Die zusätzliche achte Stufe stand im Widerspruch zu den heiligen Skripten und war möglicherweise der Grund dafür, dass sie zusammenbrach.

>> **Diese erste bekannte wahre Pyramide hat die gleichen har-**

monischen Proportionen (aber mit unterschiedlichen Abmessungen) wie die später gebaute Große Pyramide von Gizeh des Cheops, das heißt den gleichen Winkel zwischen der Seitenfläche und der Basis der Pyramide.

Ausführliche Erläuterungen werden in einem späteren Kapitel über die Große Pyramide von Gizeh gezeigt werden.

9.2 DAS INNERE

Hier in der Pyramide von Meidum sind die Passagen sehr eng für den menschlichen Gebrauch.

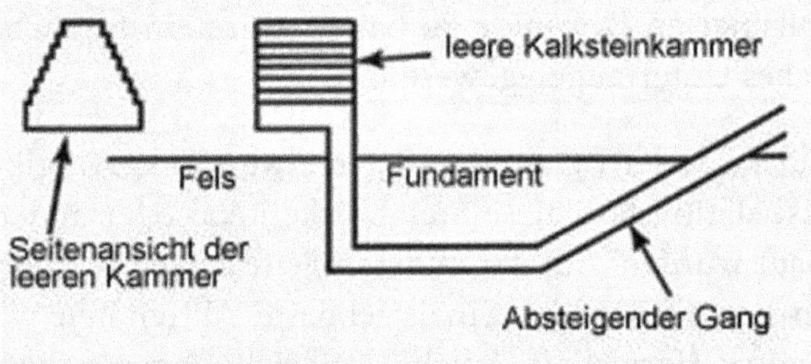

Beachten Sie die einzigartige Anordnung der Gänge in dieser Pyramide. Der Zugang zum einzigen kleinen Raum in der Pyramide kann nur über einen schmalen vertikalen Schacht erreicht werden, wie er im Diagramm oben dargestellt wird.

Der einzige Eingang in die Pyramide liegt hoch über der Geländehöhe.

Dann haben wir den steilen 2: 1 ansteigenden schmalen Gang – der nur durch die moderne Installation von hölzernen Rampen und Schienen begehbar ist.

Der schräge schmale Gang wird waagrecht, bevor er 900 Meter senkrecht einen Schacht (der nur 117 x 85 cm breit ist) hinauf führt bis zu einem sehr kleinen leeren Raum.

Der schmale, vertikale Schacht, der in den kleinen leeren Raum führt:

>> **Dieser kleine leere Raum hat nie irgendwelche Inschriften gehabt. Der Raum ist [und war immer] total leer. Es gab nie einen Sarkophag oder einen Steinkasten da, weil er dann während der Bauzeit in den Raum hätte gestellt werden müssen und ihn anschließen durch den engen Gang nicht mehr hätte verlassen können, außer man hätte ihn in kleine Teile zerbrochen. Es wurden jedoch keine Granitfragmente eines Steinkastens gefunden – weder im Raum selbst noch irgendwo in dem Korridor.**

Δ Das Zimmer verfügt über ein feines Kraggewölbe – in der Art von umgekehrten Stufen – das sich aus sieben Stufen zusammensetzt.

Dies ähnelt exakt der späteren Pyramide des Cheops in Gizeh.

Die eingestürzte Pyramide in Meidum ist die erste von 3 Pyramiden, die Snofru gebaut hat, der dem Cheops voranging.

>>> Mehrere Fotos zur Ergänzung des Textes dieses Kapitels finden sich in der digitalen Ausgabe dieses Buches, wie es in PDF- und E-Book-Formaten veröffentlicht wird.

10

Snofrus Knickpyramide

Die anderen zwei Pyramiden, die während Snofrus Herrschaft gebaut wurden, liegen in Dahschur, das ungefähr 50 km nördlich der eingestürzten Pyramide von Meidum liegt.

Die zwei Pyramiden von Dahschur liegen weniger als 1,6 km auseinander.

In diesem Kapitel untersuchen wir die Knickpyramide [auch die Nördliche Pyramide von Dahschur genannt] und im nächsten Kapitel untersuchen wir die Rote Pyramide.

10.1 DAS ÄUSSERE

Δ Die Knickpyramide hat ein Doppelwinkelprofil und zwei völlig unterschiedliche Arten von Zimmern, einen Eingang auf der üblichen Nordseite und einen zweiten Eingang an der Westseite.

Δ Wie ist der Fall ist in allen „echten" Pyramiden, ist diese Pyramide erneut frei von irgendwelchen Markierungen.

Diese Pyramide wurde König Snofru zugeschrieben (2575-2551 v.Chr.), basierend auf einem Verweis auf seinen Namen im nahe gelegenen Tempel.

Δ Die Blöcke hier variieren in der Größe. Eine solche Vielfalt in der Größe sorgt für eine bessere Verzahnung, die die Stabilität des Baus gewährleistet.

Δ Snofrus Knickpyramide
Basis: 184m²
Höhe: 105 m
Masse: 3.6 million tons
Neigungswinkel : 53° 27′ basis; 43° 22′ 44″ Spitze

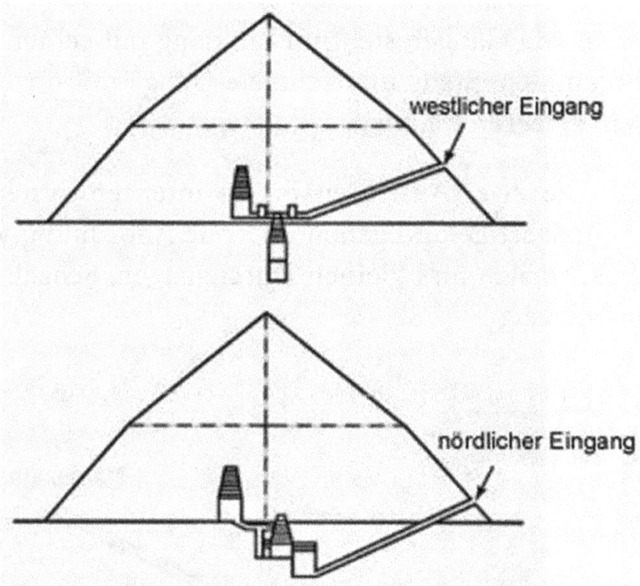

Δ Die Beweise in der Knickpyramide führen uns zu der Schlussfolgerung, dass ihr einzigartiger Doppelwinkel ein absichtlich geplantes Design war, weil:

– Die frühen Phasen der Konstruktion zeigten, dass diese separaten Eingänge, Flure und unterirdischen Räume Teil des ursprünglichen Plans waren.

– Der Schwerpunkt auf einem doppelten Zweck oder einer dualen Symbolik für diese Pyramide vernünftiger zu sein scheint, als der Erklärungsversuch, dass es noch eine weitere Planänderung gab.

– Die französische Ägyptologe Varille erklärte, dass zwei Steigungen für jede Seite dieser Pyramide absichtlich entworfen worden waren, mit dem Ziel, ein bestimmtes geometrisches Verhältnis zwischen dem ebenerdigen Abschnitt und dem mittleren Abschnitt der Pyramide zu erhalten.

10.2 DAS INNERE

Δ Das System von Gängen steht im Einklang mit echten ägyptischen Pyramiden. Steile und schmale Gänge mit unzugänglichen kleinen leeren Räumen.

Hier finden Sie zwei Ansichten dieses internen Systems, das diese sehr einzigartige und geheimnisvolle Anordnung von leeren steilen, schmalen und kleinen Durchgängen, Schächten und leeren Räumen zeigt.

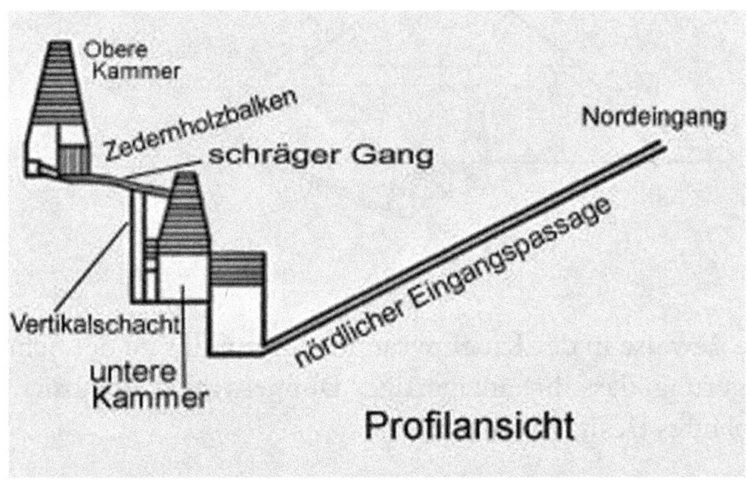

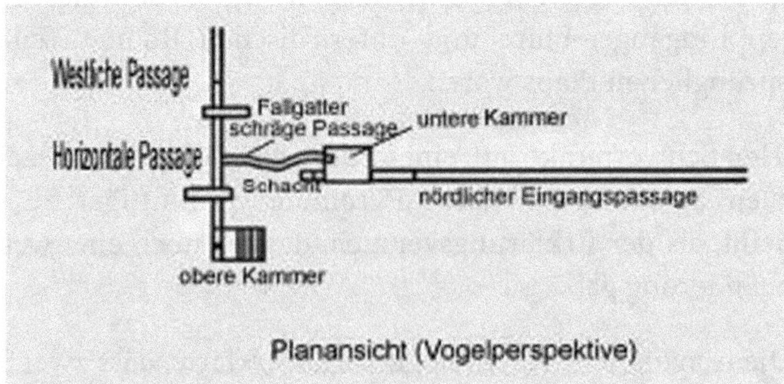

- Δ Der absteigende Gang vom nördlichen Eingang aus ist 1,10 m hoch. Wieder, wie in Meidum, ist der Durchgang zu klein für irgendeine Person, um aufrecht darin zu gehen und er folgt der Diagonalen eines 1: 2-Rechtecks.

- Δ Der Gang führt zu zwei internen Räumen mit Kraggewölben. Es gibt keine Spur von einer Steinkiste oder einem Begräbnis, das in einem der Räumen stattgefunden hätte.

- Δ Ein zweiter Durchgang verbindet den oberen Raum mit einer Öffnung hoch an der Westseite der Pyramide. Dieser Durchgang ist auch 1,10 m hoch, was zu niedrig ist, um darin aufrecht zu stehen.

11

Snofrus Rote Pyramide

11.1 DAS ÄUSSERE

Δ Eine Meile entfernt von der Knickpyramide finden wir die dritte Pyramide, die von Snofru erbaut wurde, nämlich die Rote Pyramide.

Sie wird allgemein die Rote Pyramide genannt, wegen der rötlichen oder rosa Färbung ihres Steinkerns.

Dies ist das früheste Denkmal, das eine komplette Pyramidenform besitzt. Es ist immer noch in einem guten Zustand, weil es immer noch große Flächen seiner ursprünglichen Verkleidungssteine besitzt.

Δ Die Blöcke hier sind riesig. Die Höhe dieser Blöcke variiert von 0,5 m – 1,40 m

Δ Die geometrische Konfiguration dieser Pyramide ist interessant, da die Neigung der Seitenfläche der Pyramide genau dem oberen Abschnitt der Knickpyramide entspricht.

Δ Snofrus Rote Pyramide

Höhe: 341′ (104 m)
Basis: 722′ im Quadrat (220 m)
Masse: 4,0 Millionen Tonnen
Neigung: 43° 22′ 44

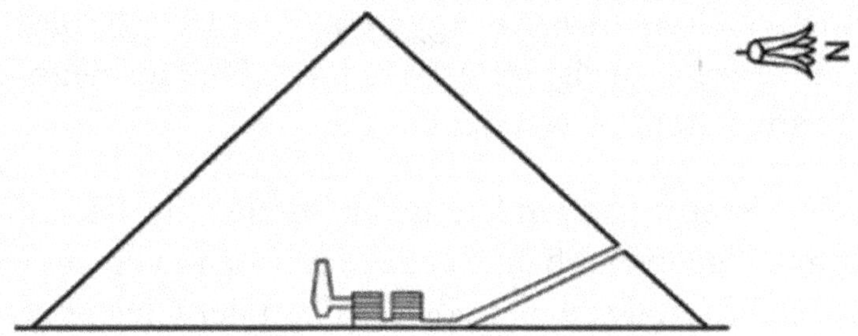

11.2 DAS INNERE

Δ Die Eingangspassage ist wieder die einzigartige typische Diagonale eines 1: 2-Rechtecks. Sie führt durch einen langen, abfallenden Korridor auf das Grundgestein und ist nur 1,20 m hoch, das heißt zu klein für eine Person, um aufrecht zu gehen.

Sie führt zu einem engen, horizontalen Korridor

Der in zwei benachbarte identische Räume mit dem typischen Kraggewölbe mündet.

Ein kurzer Gang führt nach oben zu einem dritten Raum. Das Kraggewölbe dieses dritten Raumes erhebt sich bis zu einer Höhe von 15,20 m.

Δ Alles Zimmer sind völlig leer und wie das restliche Interieur völlig frei von jeglichen Inschriften.

Δ In keinem der drei Räume wurden irgendwelche Spuren eines Steinsarges oder Begräbnisses gefunden.

Δ Außerdem wurden hier zum ersten Mal die Räume in die Pyramide selbst integriert (traditionell befanden sie sich an der Pyramidenbasis selbst).

Δ Δ Δ

Δ Δ Δ Snofru baute drei kolossale Pyramiden und errichtete

Steindenkmälern in ganz Ägypten. Es wird geschätzt, dass während der 24-jährigen Herrschaft des Pharaos neun Millionen Tonnen Stein verwendet wurden.

Δ Δ Δ Und Snefru verwendete mehr Steine zum Bauen als der berühmte Cheops. Gebäude aus Stein traten in einem wesentlich größeren Maßstab auf vor dem Bau der Cheopspyramide in Giseh. Lassen Sie uns nicht das große Projekt des Djoserkomplexes in Sakkara vergessen.

Δ Δ Δ Es gibt keine Hinweise auf eine Bestattung in einer der drei Pyramiden. Es sollte also deutlicher sein als je zuvor, dass diese Pyramiden nicht gebaut wurden, um jemanden darin zu bestatten.

>>> Mehrere Fotos zur Ergänzung des Textes dieses Kapitels finden sich in der digitalen Ausgabe dieses Buches, wie es in PDF- und E-Book-Formaten veröffentlicht wird.

VI

DIE DREI PYRAMIDEN VON GIZEH

12

Das Gizehplateau

Das Gizehplateau ist der Ort, an dem die drei Pyramiden von den drei Pharaonen gebaut wurden, die Snofru und seinen drei Pyramiden folgten.

Das Gizehplateau ist eine riesige und beeindruckende Stätte. Im Folgenden sind die Hauptmerkmale des Gizehplateaus aufgelistet:

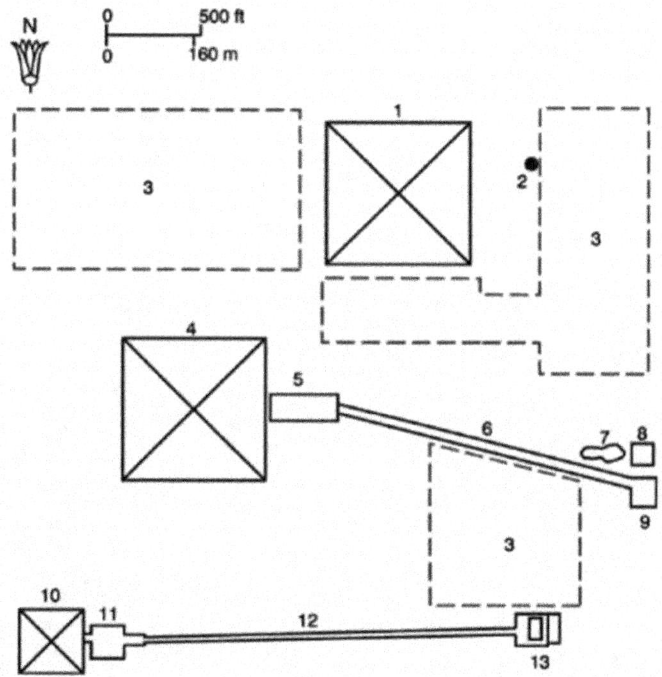

1. Große Pyramide von Cheops.
2. Grab der Königin Hetepheres.

3. Mastaba Felder.
4. Pyramide von Chephren.
5. Pyramiden-Tempel von Chephren.
6. Aufweg zum Taltempel des Chephren.
7. Große Sphinx.
8. Tempel der Sphinx.
9. Taltempel von Chephren.
10. Pyramide des Mykerinos.
11. Pyramidentempel des Mykerinos.
12. Mykerinos Aufweg.
13. Tal-Tempel von Mykerinos

Unser Hauptaugenmerk werden nun die drei Pyramiden von Gizeh sein. Das Thema der Großen Sphinx wird in unserer Publikation *Die Enthüllung der altägyptischen Kultur* von Moustafa Gadalla ausgearbeitet.

13

Cheops Große Pyramide

13.1 DAS ÄUSSERE

Die Große Pyramide von Cheops ist die größte aller Pyramiden.

Die wesentlichen Baumerkmale dieser Pyramide sind:

Δ Die Pyramide besteht aus 203 Stufen. Die Höhen der Stufen verringern sich kontinuierlich von unten nach oben. Allerdings gibt es Hunderte von Blöcken, die von 15 bis 30 Tonnen wiegen, in der Nähe der „Königskammer". Die Blöcke dieser Größe sind so groß, dass sie den Platz von zwei Reihen besetzen.

Δ Die Pyramide wurde umgeben von und teilweise gebaut auf einem Pflaster oder einer Plattform aus Kalksteinblöcken, von denen Teile an den nördlichen und östlichen Seiten gesehen werden können.

Δ Die Grundfläche beträgt ca. 53.000 m^2 – genug, um die Kathedralen von Florenz, Mailand und St. Peters sowie Westminster Abbey und St. Paul aufzunehmen.

Δ Die Seiten seiner Basis liegen fast genau auf einer Reihe mit den Himmelsrichtungen des Kompasses. Die durchschnittliche Abweichung der Ausrichtung beträgt nur 3′-6″ (0,06%).

Δ Die Länge der Seiten der Basis variieren innerhalb einer Genauigkeitsgrenze von 0,08%.

Δ Der Genauigkeitsgrad der Ausrichtung auf die Himmelsrichtungen, die das Basisquadrat und die Perfektion der vier schrägen Seiten einhalten, ist unglaublich, wenn man die enorme Größe des Bauwerks berücksichtigt.

Höhe (Original): 280 Ellen (481′, 147m)
Basis: 440 Quadratellen (757 , im Quadrat, 229 m²)
Masse: 6,5 Millionen Tonnen Kalkstein
Grundfläche: 13 Morgen (5,3 Hektar)
Neigung: 51° 50 , 35 „

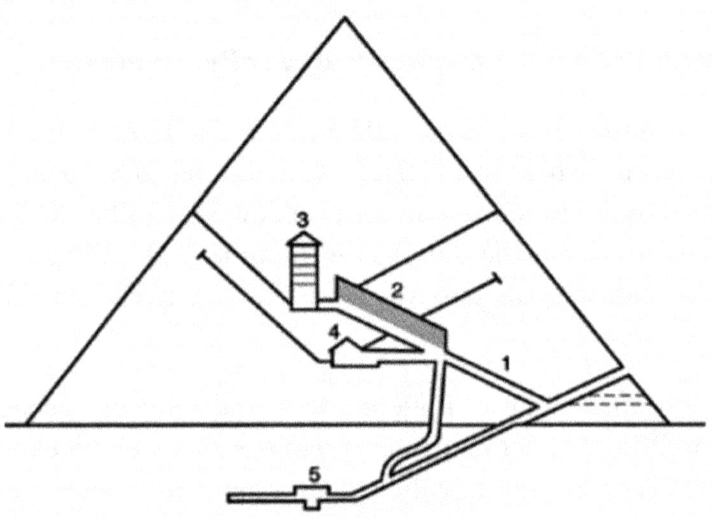

1. Aufsteigende Passage
2. Große Galerie
3. „Königskammer“
4. „Königinnenkammer“
5. Unterirdische Kammer

Δ Δ Δ

>> Es sei darauf hingewiesen, dass die geometrische Beziehung zwischen den vier Seiten und der Basis genau die gleichen sind, wie die der eingestürzten Pyramide des Snofru in Meidum.

>> Die Pyramide wurde konzipiert mit der Absicht, die zwei folgenden Maße einzubeziehen:

- Den Neb (den Goldenen Schnitt), (auch Phi genannt)
- Die Kreiszahl (auch Pi genannt)

Dies wurde erreicht durch eine leichte Abweichung einiger Inches des Basisdurchmessers der Pyramide.

Δ Manche denken, dass es reiner Zufall war, dass die Pyramiden so harmonisch proportioniert sind. Aber wir haben die Aufzeichnungen von Herodot von vor 2500 Jahren, der uns sagt, dass die ägyptischen Priester ihm erzählten, dass diese Pyramide absichtlich so entworfen worden war, *dass die Fläche jeder Seite gleich dem Quadrat ihrer Höhe ist.*

Δ Herodots Berichte werden durch die tatsächlichen Abmessungen in den altägyptischen Einheiten von Ellen bestätigt: 280 für die ursprüngliche Höhe und 440 für die Seite der Basis. Das Verhältnis dieser beiden Zahlen [280/220 = h / b = 14/11] entspricht der Quadratwurzel des Neb (Goldenen) Schnitts.

- **Höhe / ½ Basis = 280/220 = 14/11 = 1,272727**
- **Quadrat von 1,272727 = 1,619 = Goldener Schnitt**

Δ Es gibt einen überraschenden Bonus. Teilen Sie zweimal die Basis durch die Höhe und Sie erhalten 3,14, einen praktisch perfekten Wert der Kreiszahl

- **2 Basis / Höhe = 880/280 = 3,1429 = Kreiszahl**
- **3.14159 – 3.1429 = 0.0013**

Differenz = 0,04%

Δ Die Integration der Kreiszahl in das Design der Pyramide ist ebenfalls von Bedeutung. Der Steigungswinkel von 51 ° 50 '35 " drückt die Kreiszahl (22/7) mit beträchtlicher Präzision aus. **Der Aufstiegswinkel gibt der Pyramide eine einzigartige geometrische Eigenschaft, die die mystische Quadratur des Kreises darstellt: dass das Verhältnis des Umfangs der Pyramide zu ihrer Höhe gleich der doppelten Kreiszahl ist.**

[Weitere Informationen über die „Quadratur des Kreises" finden Sie in dem Buch *"Die altägyptische metaphysische Architektur"* von Moustafa Gadalla]

Δ Δ Δ Dies ist jedoch nicht das erste Mal, dass die alten Ägypter diese wichtigen Beziehungen verwendeten, weil Snofrus Pyramide bei Meidum die gleichen geometrischen Eigenschaften wie die Cheopspyramide hat.

Δ Δ Δ Beide dieser heiligen Verhältnisse in die Gestaltung der ägyptischen Gebäude einzubeziehen, war kein Zufall. Alle ägyptischen Tempel-Zufahrtswege wurden entwickelt, um sowohl phi als auch pi – Tausende von Jahren vor den Griechen – zu integrieren.

Die typische altägyptischen Türeingänge beinhalteten beide heiligen Verhältnisse (pi und phi) wie weiter oben in diesem Buch gezeigt und erklärt.

Δ Δ Δ

13.2 CHNUM-CHEOPS

Der Bau dieser Pyramide wird König Chnum-Cheops zugeschrieben, der allgemein als Cheops bekannt ist und der von 2551-2528 vor unserer Zeitrechnung regierte.

Der Name Chnum-Cheops ist bedeutsam, wie zuvor bereits erläutert, weil er den Göttlichen Former repräsentiert. Dies ist wichtig, weil er sich auf das Verfahren der Steinherstellung durch Gießen bezieht.

Die Zuordnung von Chnum-Cheops Eigenschaften basieren auf:

1. Den Inschriften in den Mastabas, die die Pyramide umgeben und die sich mehrmals auf den Namen von Chnum-Cheops beziehen.

2. Der griechische Historiker, Herodot, schrieb die Pyramide dem Chnum-Cheops zu, basierend auf den Informationen, die er von seinen Priester-Informanten erhalten hatte.

Δ Δ Δ

13.3 DAS INNERE

Schauen wir uns die Große Pyramide von Gizeh an, die Cheops gebaut hat.

Machen wir uns vertraut mit dem Inneren dieser Pyramide.

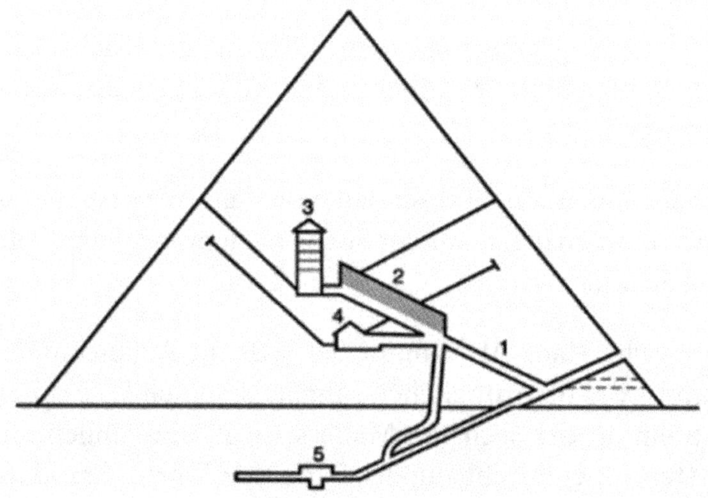

1. Aufsteigende Passage
2. Große Galerie
3. „Königskammer"
4. „Königinnenkammer"
5. Unterirdische Kammer

13.3.A. BETRETEN WIR DIE PYRAMIDE

Der Eingang zu dieser und allen anderen wahren Pyramiden sind auf der Nordseite.

>> **Der wahre Eingang war jahrtausendelang von Steinblöcken bedeck und daher unsichtbar.**

Was die historischen Belege betrifft, so hat Herodot keinerlei Durchgänge erwähnt. Der griechisch-römische Historiker Strabo (1. Jhd. unserer Zeitrechnung) berichtete, dass ***der Pyramideneingang hinter einem geheimen Stein, nicht zu unterscheiden von anderen, verborgen war.***

Δ Die heutige Eingang, der von allen Eintretenden verwendet wird, sieht ziemlich grob aus. Dies ist tatsächlich der Eingang der gewaltsam geöffneten Passage.

Der ursprüngliche Eingang ist eine Öffnung unterhalb des riesigen Kalksteingiebels, der höher und links des gewaltsam erzeugten Zugangs liegt.

Menschen haben seit Tausenden von Jahren versucht, in die Pyramide einzudringen auf der Suche nach möglichem Gold und anderen Schätzen.

Der arabische Kalif Al Mamun hat sich im 9. Jahrhundert, in Unkenntnis des ursprünglichen Eingangs, seinen Weg durch den festen Stein, in der sechsten Mauerschicht, erzwungen, die ihn zum ersten Innendurchgang der Pyramide führte. Erst dann, als er diesem inneren Durchgang folgte, konnte er die Lage des wahren ursprünglichen Eingangs finden. Die Steinblöcke, die den Eingang bedeckten, wurden dann entfernt.

Unten sehen Sie wie der erzwungene Eingang aussah, der zum aufsteigenden Gang führte.

Die erzwungene Passage, die Al Mamun schnitt, war 36 m lang, bevor er die Kreuzung der ursprünglichen absteigenden und aufsteigenden Gänge erreichte.

>> **Es gibt keinerlei Anzeichen dafür, weder auf den Außen- noch den Innenflächen der Pyramide, die vermuten lassen, dass jemand früher als Al Mamun in die Pyramide eingebrochen ist.**

>> **Am Ende des gewaltsamen Eingangs, können wir sehen, wie der aufsteigende Durchgang zum echten Eingang der Pyramide vollständig blockiert war.**

Der wahre Eingang war daher von innen völlig blockiert, genauso wie auch an der Außenseite durch voneinander nicht zu unterscheidenden äußeren Pyramidenblöcken.

Die zwei Eingänge [Draufsicht und Querschnitt]

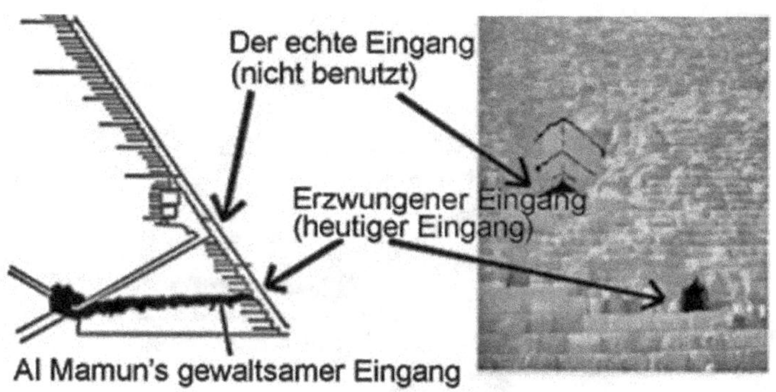

∆ ∆ ∆

13.3.B. DER ABSTEIGENDE GANG UND DER UNTERIRDISCHE RAUM

∆ Am Ende von Al Mamuns Zwangsdurchgang gelangt man in die absteigenden Gänge in der Pyramide, die am Originaleingang beginnen und nur als Eingang zur Pyramide gedacht waren.

Δ Auch hier hat der absteigenden Gang die übliche steile und enge 2:1 Steigung. Er ist nur 1,10 m breit und 1,20 m hoch.

Δ Dieser absteigende Gang verläuft genau von Nord nach Süd (d. h. er ist meridional).

Δ Die Passage ist 105 m lang plus der 8,83 m horizontale Flur bis dahin, wo sich der unterirdische Raum befindet.

Δ **Der absteigende Gang** geht unterhalb die Basis der Pyramide nach unten und in den Fels zur unterirdischen Kammer.

Cheops-Pyramide (Teilprofilansicht).

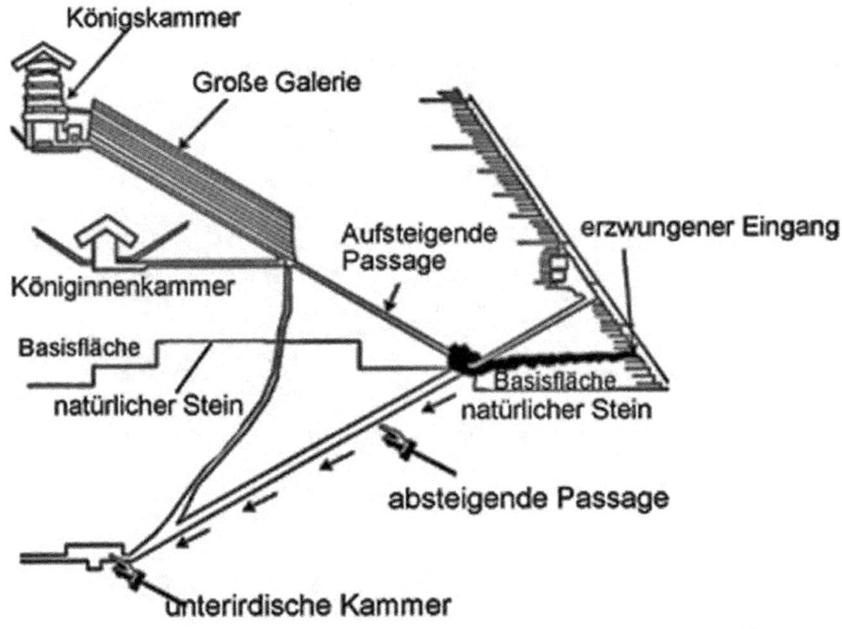

Δ Δ Δ

Die unterirdische Kammer liegt 183 m unterhalb der Spitze der Pyramide. Es ist eine sehr primitiver Raum, frei von irgendwelchen Inschriften. Es misst etwa 14 x 8,3 x 3,5 m. Niemand kennt dessen Zweck, aber das hat viele nicht davon abgehalten, Antworten zu erfinden.

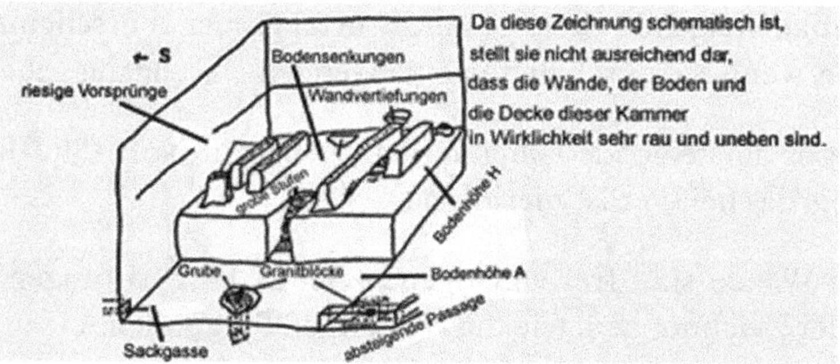

Δ Einige vermuten, dass der unterirdische Raum dazu gedacht war, den König zu bestatten und dass die Ägypter ihre Pläne änderten, ihn verließen und den Raum wählten, der heute die „Königinnenkammer" ist. Dann theoretisierten dieselben Menschen erneut über eine andere Planänderung, in der die Ägypter die „Königinnenkammer" für die „Königskammer" verließen.

Δ Es gibt keine Beweise, physikalische oder andere, dass es an irgendeinem Ort in dieser Pyramide eine Planänderung gab.

Δ Es ist möglich, dass dieses Zimmer einfach nur ein Teil des energiekanalisierenden Netzwerkes für diese Pyramide war.

Δ Es könnte sein, dass dieser Raum bereits existierte, bevor die Pyramide selbst gebaut wurde.

Δ Δ Δ

13.3.C. AUFSTEIGENDER GANG

Wenn man den sehr engen ansteigenden Gang nach oben geht, stößt man auf eine sehr beengende niedrige Decke. Dieser Gang ist nur 1,20 m hoch und 1,10 m breit und steigt in einem 26 ½° Winkel (2:1 typische Steigung).

Dieser aufsteigende Gang ist nur 39 m lang, aber er erscheint viel länger, wenn Sie durch diesen einengenden Durchgang gehen.

Δ Dieser aufsteigende Gang verläuft genau in Nord-Süd-Richtung, das heißt er ist meridional.

Δ Die Wände sind frei von irgendwelchen Beschriftungen und /oder Zeichnungen, wie die vorherigen Pyramiden.

Δ **Der Gang ist zu niedrig und schmal um aufrecht zu gehen.**

Δ Der ursprüngliche Boden ist sehr rutschig. Mit dem unvermeidlichen Sand auf dem Boden wäre es fast unmöglich, sich davor zu schützen, den ganzen Weg hinunter zu rutschen.

Δ In den 1940er Jahren wurden Geländer und Holzrampen mit Metallfundamenten installiert. Es gibt heute auch eine elektrische Beleuchtung.

Δ Δ Δ

13.3.D.KÖNIGINNENKAMMER-KORRIDOR

Lassen Sie uns nochmals festhalten:

Δ Der aufsteigende Gang verzweigt sich in die Große Galerie

und eine weitere horizontale Abzweigung zum sogenannten Königinnenzimmer.

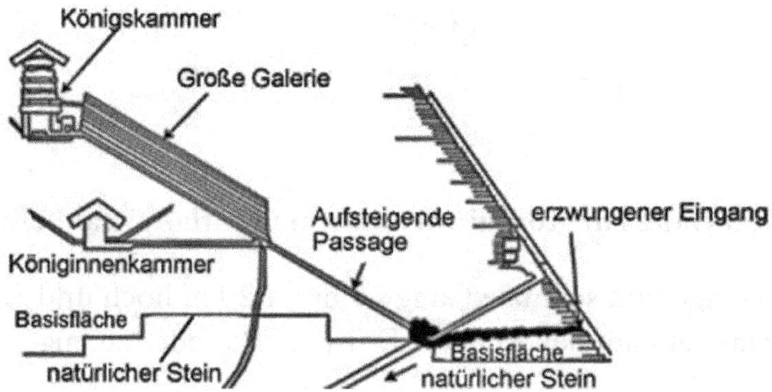

Am Verbindungspunkt des aufsteigenden und horizontalen Ganges ist eine Schachtöffnung, die bis zu einer Tiefe von 60 m teilweise vertikal und teilweise in einem sehr steilen Winkel abfällt. Er mündet in den unteren Teil des absteigenden Ganges.

Δ Hier schauen wir auf den aufsteigenden Gang zurück. Wir sind bereit, einen weiteren engen Gang zu betreten. Lassen Sie uns an dem horizontalen Gang dort weitermachen, wo er an der sogenannten „Königinnenkammer“ endet.

Δ Achten Sie immer auf das völlige Fehlen einer Inschrift oder Darstellung in den Innenräumen aller dieser wahren Pyramiden.

Der horizontale Korridor ist so eng, dass man beinahe hineinkriechen muss.

Den Gang zur Königinnenkammer entlangkrabbeln

Der niedrige und schmale Gang ist nur 1,20 m hoch und 1,10 m breit. Das geht auf den Rücken. Er ist auch wieder zu eng.

Der Korridor ist 39 m lang und liegt im Zentralmassiv des Kernmauerwerks.

Wenn wir uns dem gegiebelten Kalksteinraum nähern, gibt es einen mysteriösen plötzlichen Abfall im Boden von 0,5 m zum Ende des Durchgangs.

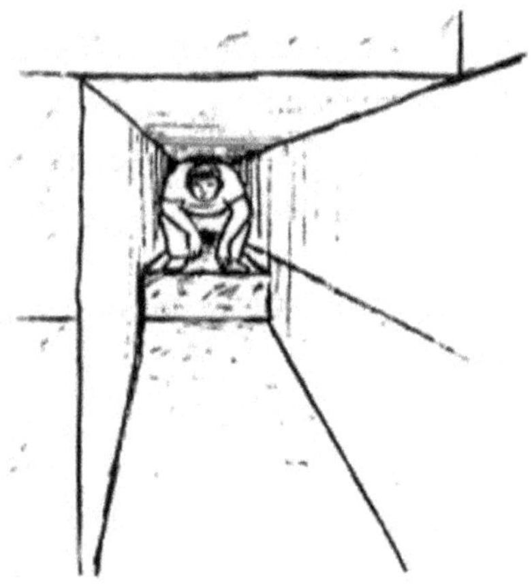

Der mysteriöse plötzliche Abfall im Gang zur Königinnenkammer

Der Abfall ist ein absichtliches Designmerkmal, dessen Zweck es einfach sein könnte, dass es ein Teil der Energiebündelungssystems für diese Pyramide war.

Für diejenigen, die nur sagen, dass „es eine Planänderung war," ist der akademische Standard „Fluchtweg", wenn sie etwas nicht verstehen.

Δ Δ Δ

13.3. E. „DIE KÖNIGINNENKAMMER"

Hier ist der Eingang zur sogenannten "Königinnenkammer" – obwohl alle Gelehrten sich einig sind, dass hier niemals jemand bestattet wurde.

Δ Die „Benennung" des Raumes als „Königinnenkammer" war eine willkürliche Namensgebung der Araber, die in die Pyramide einbrachen.

Δ Der Raum besteht komplett aus vergipsten Kalksteinwänden . Der Boden wurde rau belassen.

Δ Das Zimmer liegt genau auf der Ost-West-Achse der Pyramide.

Δ Dieses Zimmer war immer leer, und alle Wissenschaftler sind sich einig, dass niemand jemals hier begraben wurde.

Δ Wie üblich in allen wahren Pyramiden – sind die Wände völlig frei von irgendwelchen Inschriften oder Darstellungen.

Δ Manche haben vorgeschlagen, dass dieser Raum gebaut wurde, um den König zu bestatten und dann hätten die Ägypter ihre Pläne ein zweites Mal geändert. Beim ersten Mal war es der unterirdische Raum unter der Pyramidenbasis.

Es gibt jedoch keinerlei Grundlagen für solche wilden Spekulationen. Im Gegenteil, die physischen Beweise stehen im Widerspruch mit solchen wilden Vorstellungen. Wir haben zwei enge und lange Kanäle hier, die fälschlicherweise als *Luftschächte* bezeichnet werden.

Sie sind etwa 20 cm x 20 cm im Querschnitt. Beide Kanäle sind an beiden Enden verschlossen. Diese Kanäle wurden dem Kernmauerwerk, Ebene für Ebene hinzugefügt, je höher die Pyramide gebaut wurde.

Wenn die Ägypter diesen Raum für das verlassen hätten, was jetzt „Königskammer" genannt wird, dann gab es überhaupt keinen Grund dafür, die Kanäle der „Königinnenkammer" über dem Bodenniveau der „Königskammer" zu erweitern. Aber sie taten es.

Der südliche Kanal wurde erweitert und zwar 19,50 m höher als der Boden der „Königskammer", das heißt er verläuft über ca. 25 m seiner Länge fast parallel zum südlichen Kanal der „Königskammer".

- Δ Die beiden Kanäle, einer nach Norden und der andere nach Süden ausgerichtet, verlaufen nicht durch die Außenseite der Pyramide, was beweist, dass sie nicht dazu bestimmt waren, die Räume zu lüften, wie manche angenommen haben.
- Δ Sie wurden „Lüftungsschächte" genannt, weil niemand wusste, wie man sie sonst nennen sollte.
- Δ Der nördliche Kanal hat viele Knicke, weil er um die Große Galerie herum geht.

Es war aber kein Fehler in der Ausrichtung des Nordkanals, weil die gleiche Situation sich auch an der „Königskammer", mehrere Gänge über der „Königinnenkammer" wiederfindet.

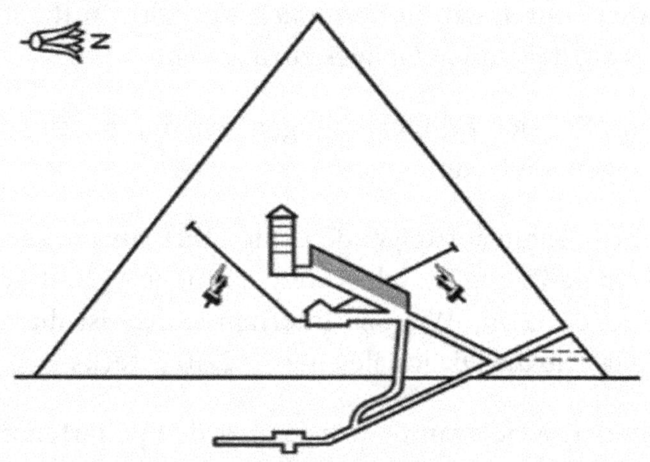

Ausrichtung der beiden Lüftungsschächte in der "Königinnenkammer"

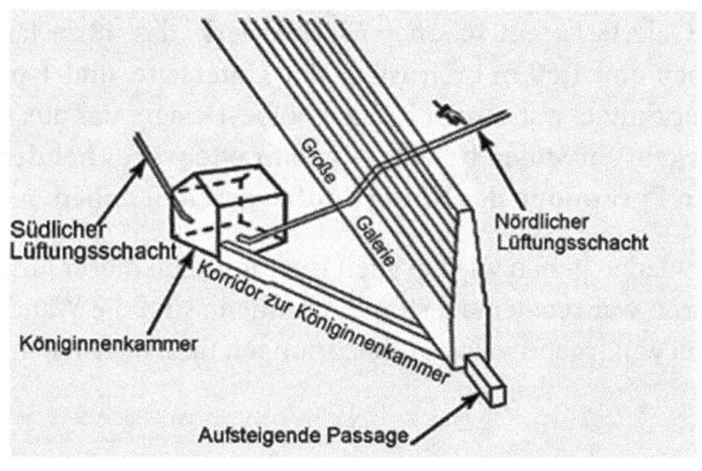

Knick im nördlichen Lüftungsschacht

Δ Δ Δ

13.3.F. DIE GROSSE GALERIE

Die Große Galerie erreicht man, indem man von der „Königinnenkammer“ durch den horizontalen Korridor in Richtung des Endes des aufsteigenden Ganges zurück geht.

Also, wenn Sie sich erinnern, gingen wir durch den schmalen, steil ansteigenden Gang.

∆ Der sehr beengte aufsteigende Gang führt zur großen Galerie – die sehr geräumig ist, selbst wenn sie noch so steil ist wie der aufsteigende Gang. Wie alle internen Gänge ist die Steigung dieser Galerie die Diagonale eines 1: 2-Rechtecks.

∆ Eine moderne Holzrampe wurde über den polierten und glatten Boden gelegt, und macht das Hochsteigen viel einfacher. Ohne sie wäre es unmöglich, die glatte, steile Fläche zu Fuß hochzugehen.

∆ Die Galerie ist ein schönes Meisterwerk, das 48 m lang, 85 m hoch und 1,60 m breit ist an der Unterseite, und 1 m breit an der Spitze, mit einem Kraggewölbe-Design, das aus sieben umgekehrten Stufen besteht – **genau wie wir es bei den früheren Pyramiden des König Snofru gesehen haben.**

∆ Und wieder, genau wie bei allen Innenräumen dieser [und aller anderen wahren gemauerten Pyramiden], sind die Wände völlig frei von irgendwelchen Zeichnungen und/oder Inschriften.

∆ ∆ ∆

Unmittelbar bevor man das obere Ende der Galerie erreicht hat, gibt es eine 1 m breite Stufe, dann verläuft es eben weiter.

An der Spitze der südlichen Wand (oberes Ende der Galerie) ist eine kleine Öffnung, die zu einem Zwangsdurchgang führt, der gemacht wurde, um den Bereich, den man als „Davisons Zimmer“ bezeichnet, zu erreichen, oben auf dem Granitdach der „Königskammer“.

Am oberen Ende der Galerie endet die sehr geräumige und herrliche Große Galerie. An der Spitze der Großen Galerie – sehen wir uns einer sehr schmalen und kurzen Öffnung gegenüber und es ist Zeit, wieder auf Händen und Knien zu kriechen in Richtung der „Königskammer".

Dieser kurze enge Raum ist gefolgt von einem großen Bereich, dann befinden wir uns wieder in einem sehr engen Gang.

Dieser führt zu dem Granitraum, der fälschlicherweise als „Königskammer" populär gemacht wurde.

Δ Δ Δ

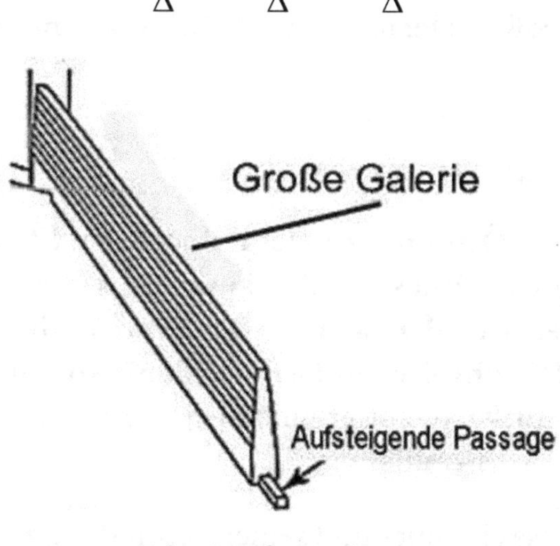

Die Große Galerie

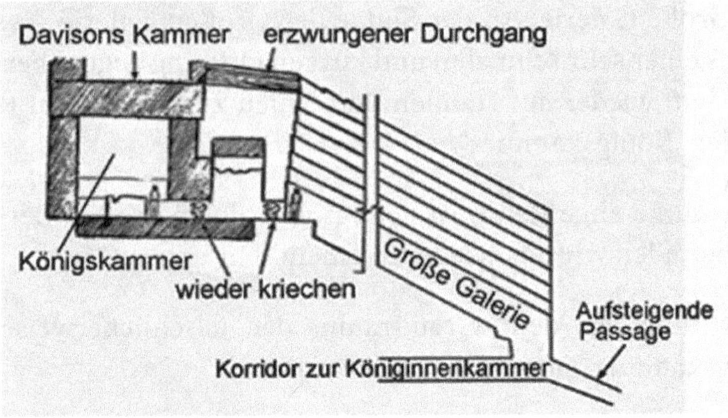

Die Große Galerie, die zur Königskammer führt

13.3.G. „DIE KÖNIGSKAMMER"

Δ **Die beengte Öffnung zu dem Raum ist kleiner als der deckellose Granitkasten [der aussieht wie ein Sarkophag, aber keiner ist], der sich am anderen Ende des Raumes befindet. Die physischen Beweise dafür sind deutlich, dass dieser Granitkasten hier platziert wurde, bevor der Bau dieses Raumes beendet war.**

Δ Ein Plan dieses Raumes und seiner Verbindung zur weiträumigen Großen Galerie zeigt uns zwei sehr beengte Bereiche, die es fast notwendig machen, zwischen der Galerie und dem Granitraum – oder der „Königskammer" – zu kriechen.

Δ Herodot hat nie die Existenz dieses/oder irgendeines Raumes oder Ganges in der Pyramide erwähnt.

Δ Das Zimmer wurde komplett aus Monolithen aus glattem Granit gebaut.

Δ Die Wände hier bestehen aus fünf Lagen, die aus genau hundert Granitblöcke bestehen.

∆ Jeder Monolith wiegt 30 Tonnen und alle diese Blöcke sind perfekt geglättet. Es wurde kein Mörtel verwendet, um sie zu verbinden.

∆ Sie sind so perfekt eingepasst, dass man kein Messer zwischen sie stecken konnte. Dies ist unglaublich für ein solches Gewicht und eine solche Passung.

∆ Die Decke besteht aus neun gewaltigen Monolithen, von denen einige mehr als 50 Tonnen wiegen.

Über dem Dach der "Königskammer"

∆ Oberhalb der Dachplatten gibt es eine Reihe von grob behauenen Granitblöcken, die fünf Fächer enthalten. Der Raum über der „Königskammer" wurde nach seinem Entdecker Nathanael Davison „Davisons Zimmer" genannt.

∆ Einige dachten, dass diese besondere Dachkonstruktion wahrscheinlich gemacht wurde, um den Druck aus dem kolossalen Gewicht des Steins darüber zu reduzieren.

Diese Theorie ist nicht überzeugend, da die untere „Königinnenkammer" einer größeren Belastung ausgesetzt ist, aber dennoch nicht über diese Dachkonstruktion verfügt.

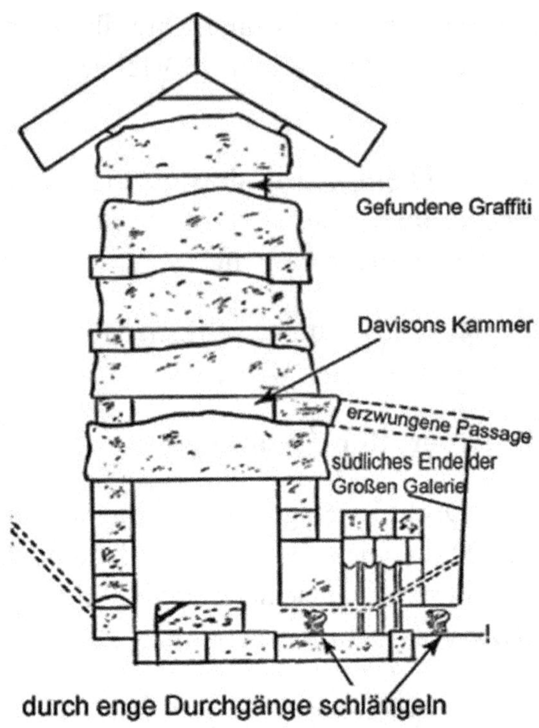

Die „Königskammer"

- Δ An einer der oberen Platten sind einige Graffiti mit dem Namen des Cheops. Dies ist der einzige Hinweis auf Cheops in der Pyramide. Es ist sogar fraglich, ob eine solche Graffiti während der Cheops-Ära oder von einem heutigen Besucher eingeritzt wurde. Die Pyramide ist völlig frei von irgendwelchen offiziellen Inschriften.

- Δ Am westlichen Ende des Raumes ist der mysteriöse leere, deckellose Kasten aus sehr glattem Granit. Keinerlei Inschrift darauf.

- Δ Der Granitkasten wurde von Souvenirjägern stark beschädigt, die Stücke von seinen Kanten wegbrachen.

>> **Der Gang in den Raum ist zu eng, um den Granitkasten hindurch zu bekommen. Daher musste er in den Raum gestellt worden sein, als die Pyramide gebaut wurde.**

Δ Es gibt nicht den geringsten Beweis dafür, dass je eine Leiche in diesem Raum gewesen ist, kein Zeichen von Grabmaterial oder ein Fragment irgendeines Artefakts. Keinerlei Hinweis dafür, und sei er auch noch so winzig, dass hier ein Begräbnis stattgefunden hat, wurde jemals in diesem Raum oder irgendwo anders in der Großen Pyramide gefunden.

Δ **Die „Königskammer"**

Δ Ungeachtet aller anderen Gründe, wenn wir für einen Augenblick annehmen, dass dieser Raum für die Mumie des toten Pharaos genutzt wurde, dann müssten sie diese während des Baus der Pyramide in den übergroßen Granitkasten im Raum gelegt haben.

Dann, als der König starb, müssten sie seine Leiche diese schwierigen Gänge entlang gezogen und seine Leiche durch die Engstellen gequetscht haben, um die Mumie in den unbeschrifteten Granitkasten zu legen!

>> **Wenn die Menschen all diese physikalischen Fakten betrachten, wird es ganz offensichtlich, dass die Grabtheorie unserer Intelligenz beleidigt.**

Δ Nicht einmal ein Teil eines Deckels für diesen Granitkasten wurde jemals in einem der Pyramidendurchgänge oder Räume gefunden.

Hypothetisch, wenn wir davon ausgehen, dass die Räuber es in diesen Raum geschafft haben, um den Inhalt zu stehlen, könnten sie den Deckel zerschlagen haben, aber sie hätten sich kaum die Mühe gemacht, einen zerbrochenen Deckel zu stehlen. Trotz sorgfältiger Suche wurden nirgendwo in den Pyramdiengängen oder Zimmern Splitter eines zerbrochenen Granitdeckels gefunden.

Δ **Die Bezeichnung dieses Raumes als „Königskammer" ist/ war [wie es bei der sogenannten „Königinnenkammer" der Fall ist] willkürlich von den Arabern geschaffen, die in die Pyramide einbrachen. Die arabischen Wilden bezeichneten es ohne jeglichen Bezug als „Königskammer".**

Δ Die Wände und der Granitkasten sind und waren immer völlig frei von irgendwelchen Inschriften.

Δ Δ Δ

Δ Der Raum ist einfach, aber kraftvoll. Der offensichtlichste Bedeutung im Design ist, dass seine Gestaltung/ Proportionen das Wissen der alten ägyptischen heiligen Geometrie in der dreidimensionalen Architektur manifestierten.

1. Der Grundriss des Raumes ist ein Doppelquadrat (2 x 1 Rechteck), 20 x 10 ägyptische Ellen (10,50 x 5,20 m).

2. Das Doppelquadrat, geteilt durch eine einzige Diagonale CA, bildet zwei rechtwinklige Dreiecke, die jeweils eine Basis von 1 und eine Höhe von 2 haben. Die Diagonale CA entspricht der Quadratwurzel von 5 (2.236), d.h. 22,36 Ellen tatsächlicher Länge.

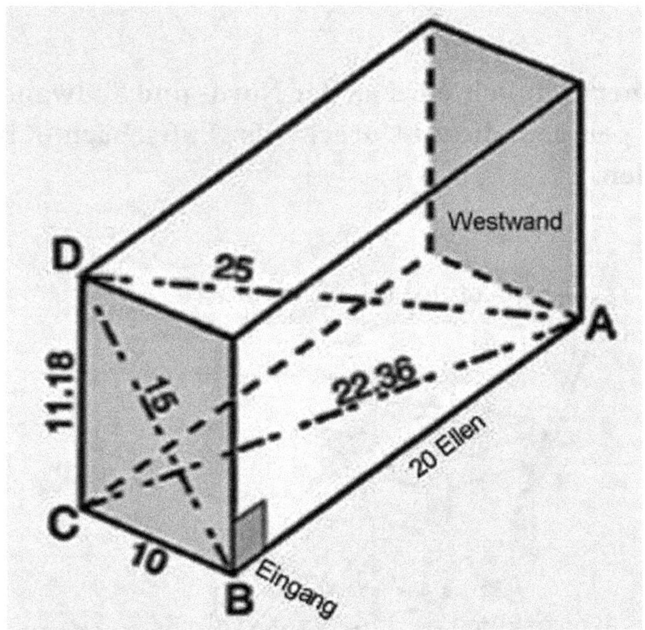

3. Die Höhe des Raumes ist so konzipiert, dass sie eine Hälfte der Länge der Bodendiagonalen CA ist, das heißt √5/2, was 11,18 Ellen (oder 5,80 m) in der tatsächlichen Länge bedeutet.

4. Diese Wahl von CD als Höhe des Raumes ergibt für die Diagonale DB (im Dreieck DCB) eine Höhe von 15 Ellen. Das Ergebnis ist, dass die drei Seiten des Dreiecks ABD in einem Verhältnis von 3: 4: 5 stehen.

5. Der harmonischen Proportionen dieses Raumes zeigen die

enge Beziehung zwischen 1: 2: 3: 4: 5, und zeigen die Beziehung der göttlichen harmonischen Proportionen (heilige Geometrie) zwischen Bearbeitung und Bauweise.

6. Es zeigt auch, dass das Prinzip des rechtwinkligen Dreiecks (*Satz des Pythagoras*) regelmäßig im ägyptischen Design angewendet wurde – 2.000 Jahre bevor Pythagoras auf Erden wandelte.

Δ Δ Δ

Die Aufmerksamkeit wird an der Nord- und Südwand zu den Löchern gezogen, die zu Unrecht als „Luftschächte“ bezeichnet werden.

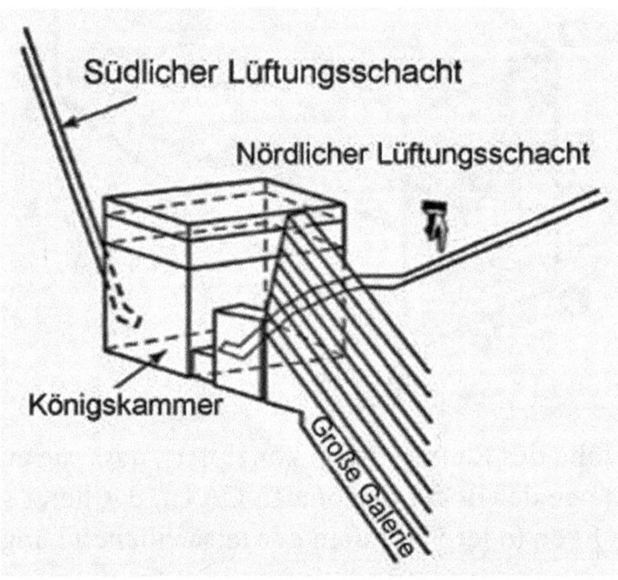

Knick im nördlichen Lüftungsschacht

Es gibt Kanäle in diesem Raum, die die gleiche Konfiguration haben wie die in der „Königinnenkammer“, das heißt etwa 20 cm x 20 cm.

Beide Kanäle, entstehen hier, an der Außenseite der Pyramide, im Gegensatz zu den Kanälen im „Königinnenzimmer", die nicht bis ganz nach draußen gehen.

Diese Schächte als „Luftschächte" zu bezeichnen ist unbegründet und gegen jede Logik. Beide schrägen Kanäle beginnen etwa 1 m über dem Boden, wo eine Lüftung logischerweise an der Deckenebene beginnt, wo sie einen horizontalen Verlauf nimmt. Es besteht keine Notwendigkeit, zwei Schrägschächte zu haben, die durch alle Pyramidenebenen verlaufen.

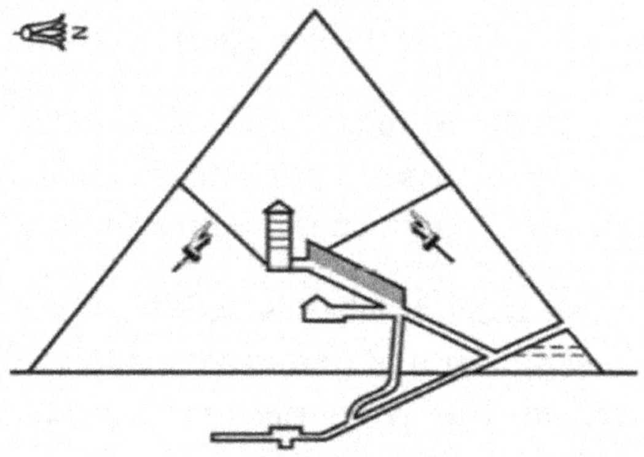

Ausrichtung der zwei Lüftungsschächte in der "Königskammer"

>>> Mehrere Fotos zur Ergänzung des Textes dieses Kapitels finden sich in der digitalen Ausgabe dieses Buches, wie es in PDF- und E-Book-Formaten veröffentlicht wird.

14

Chephren-Pyramide

14.1 DAS ÄUSSERE

Neben Cheops Pyramide liegt Chephrens Pyramide.

Chephren, der Gedefra folgte und von 2520-2494 v.Chr. regierte,wird der Bau dieser Pyramide zugerechnet. Wie alle anderen gemauerten Pyramiden ist sie im Wesentlichen anonym.

Dass sie Chephren zugeschrieben wurde, war Herodots Berichten zu verdanken und der umliegenden Grabanlage, die sich wiederholt auf seinen Namen berief. Es befinden sich keine Inschriften in der Pyramide.

Δ Chephren-Pyramide
  Höhe: 143,50 m
  Basis: 214,50 m
  [Abweichung vom echten Norden 5′-30 „]
  Masse: 5.3 Milo. Tonnen
  Neigungswinkel: 53° 07′ 48″

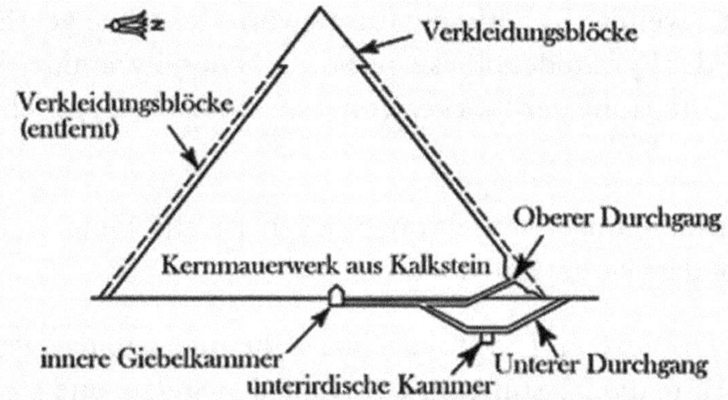

Auch wenn diese Pyramide etwas kleiner ist als die Cheops-Pyramide, erscheint sie tatsächlich größer als die Chephren-Pyramide weil:

1. Sie wurde auf einem etwas höheren Boden als die des Cheops gebaut.

2. Sie behielt ihre Spitze, während die Cheops-Pyramide ihre Spitze verlor (10 m).

Da sie die am besten erhaltene Pyramide der Gizehgruppe ist, steht sie nahe an der des Cheops und ist der Größe nach beinahe deren Zwilling.

Ein Aufschluss des lokalen Steins ist im Süden und Westen dieser Pyramide sichtbar, da der ursprüngliche Boden in diesem Bereich abfällig war. Die alten Ägypter hatten von zwei Seiten zu schneiden und die unteren Teile auf den beiden anderen Seiten zu füllen, um die Basis absolut eben zu machen.

>>Dies ist eine wichtige Bestätigung des Zustands des lokalen Kalksteins – er ist sehr zerbrechlich, voller Schichten und Bruchlinien. Alleine schon am perfekten Zustand der Pyramidenblöcke sieht man beim Vergleich mit den freiliegenden natürlichen Felsen vor Ort ganz leicht, dass die Blöcke niemals aus lokalen Quellen stammen können.

Als eine weitere Bestätigung für die von Menschen geschaffenen Steine der Pyramidenblöcke, wie die Cheops-Pyramide, dient die abgestufte Höhe der Blöcke, wobei sie aber alle die gleiche Breite haben.

Die gleichmäßige Breite von Blöcken ist ein weiterer Hinweis darauf, dass sie gegossen wurden.

Auch Dr. Joseph Davidovits, der Chemiker und Ägyptologe, überprüfte die 22 Stufen in der Nähe der Spitze, und stellte fest, dass sie 10 einheitlichen Längen entsprechen. Ein noch stärkerer Beweis für die Verwendung von Standard-Gußformen. Auch wenn wir rein hypothetisch die grässlichen Bedingungen des natürlichen Kalksteins ignorieren, könnten die Blöcke nie mit solchen einheitlichen Längen gebrochen worden sein.

Als eine weitere Bestätigung für die von Menschen gemachten Steine der Pyramidenblöcke, kann man beobachten, dass bei einigen dieser Blöcke die Umrisse eines Steines im Block zu sehen sind, was bedeutet, dass solche Blöcke gegossen wurden und nicht abgebaut worden sein können.

Ein großer Bruchstein in einem Steinblock eingebettet

Δ Die Verkleidungssteine zeichnen sich hier aus durch:

– Die oberen Lagen bestehen aus feinkörnigen Kalkstein-

Verkleidungssteinen.
– Die unteren Lagen bestehen aus Granit-Verkleidungssteinen.
– Die Verkleidungssteine passen perfekt zusammen mit Nut- und Federverbindungen.
– Es gibt immer noch eine große Anzahl von weißen Kalkstein-Verkleidungssteinen in den oberen Lagen.
– Es gibt keine Anzeichen für eine abgebrochene Ecke an irgendeinem der Gusssteine.

Δ Eine weitere Bestätigung für den von Menschen gemachten Stein der Pyramidenblöcke sind die riesigen Pflastersteine rund um die Pyramiden. Man kann deutlich diese sehr langlebigen, perfekt eingepassten, quadratisch abgewinkelten Blöcke sehen, von denen jeder jeweils mehrere Meter lang ist.

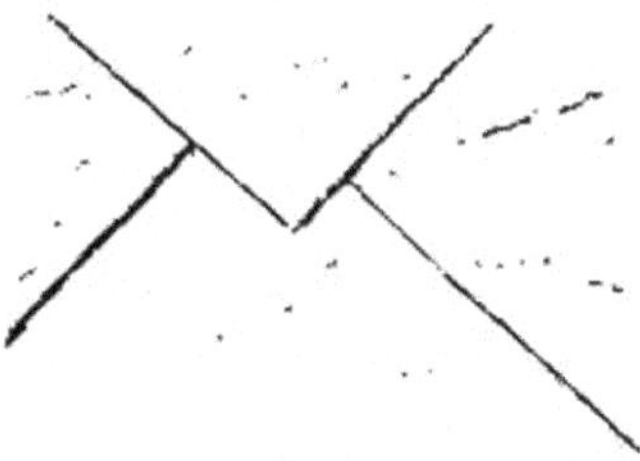

Sie sind miteinander zu so einem seltsam schönen Mosaik verbunden.

Δ Ähnliche Muster findet man auch in anderen Pyramiden und den Aufwegen zwischen jeder Pyramide und ihrem Taltempel.

Δ Die alten Ägypter, haben es in ihrer gesamten Geschichte vermieden, einfache schroffe formschlüssige Verbindungen zu verwenden. Die Verwendung von fließenden Kanten erlaubte es den Energien, ungehindert zu fließen.

[Für weitere Informationen über die Anwendung dieser absichtlichen Verbindungsmuster in der gesamten wiederentdeckten Geschichte des alten Ägypten, in Tempeln, Statuen, Wände, usw.

finden Sie in unserem Buch *„Die altägyptische metaphysische Architektur“* von Moustafa Gadalla.]

Δ Δ Δ

Δ Die heiligen geometrischen Eigenschaften dieser Pyramide finde man im dreieckigen Querschnitt der Pyramide von Chephren, die im Grunde genommen zwei nebeneinanderliegende Zwillings- 3: 4: 5-Dreiecke hat, in dem die Höhe 4 Einheiten und die Basis 6 Einheiten besitzt.

Weitere Informationen wurden bereits in Kapitel 6 dieses Buches erwähnt.

Δ Δ Δ

14.2 THE DAS INNERE

Im Vergleich zur Cheops-Pyramide ist der innere Aufbau dieser Pyramide von extremer Schlichtheit.

Es gibt zwei Eingänge, einer direkt über dem anderen, die in die Pyramide führen. Der obere Eingang, 15 m über dem Boden, ist der typische Eingang und der, den wir verwenden, um einzutreten.

Der schmale Gang folgt der Diagonalen eines 1: 2 Rechtecks nach unten in den Fels. Er wird flacher und führt dann horizontal weiter zu einem großen Kalksteinraum. Die Wände des abschüssigen Abschnitts und ein Teil des horizontalen Abschnitts sind aus unbekannten Gründen mit rotem Granit ausgekleidet. Die Gänge sind wieder völlig frei von irgendwelchen Inschriften.

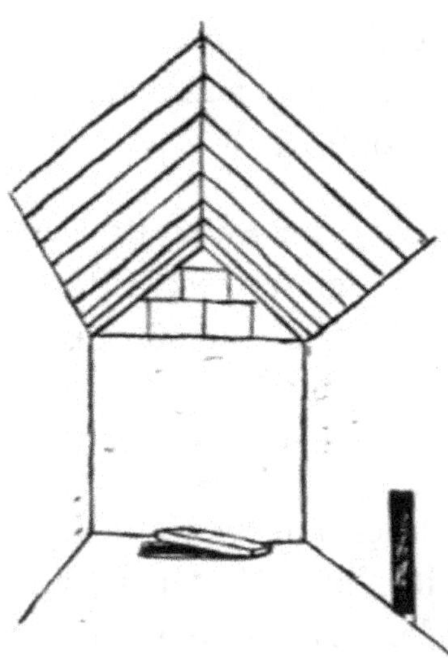

Chephrens innere Kammer (Innere Kammer der Chephren-Pyramide)

Der enge Gang führt zum einzigen Raum im Inneren der Pyramide. Er misst 14,20 m x 5 m x 6,90 m. Dieser Raum ist aus dem Fels gehauen und überdacht mit einem Giebel aus Kalksteinplatten. Diese Platten sind im selben Winkel wie die Pyramidenseiten gesetzt.

Diese einfache Satteldach reicht aus, um das gesamte Gewicht der Pyramide darüber zu stützen. Erinnern Sie sich an das Dach der „Königskammer“ in der Cheops-Pyramide? Was sie die „Entlastungssteine“ nennen, oberhalb des „Königszimmers“, wurde nicht aus bautechnischen Gründen benötigt, da wir hier sehen können, dass ein einziger Giebel über der flachen Decke bautechnisch ausgereicht hätte.

Also, was sie als „Entlastungssteine“ in der „Königskammer“ der Cheops-Pyramide bezeichnen, ist nicht für bautechnische Zwecke, sondern hat andere Gründe.

Δ Dieses Zimmer wurde als erstes im Jahr 1818 von Belzoni entdeckt. Er stellte fest, dass der Eingang in Bodennähe mit drei Granitblöcken verstopft war.

Δ Am äußersten westlichen Ende dieses völlig kahlen Raums, befindet sich ein leerer, unbeschrifteter, schöner, polierter Granitkasten mit den Maßen 2,60 m x 1,05 m x1,0 m. Dieser Kasten wurde bis auf Deckelhöhe in den Boden des Raumes eingelassen.

Δ Belzoni fand den Deckel in zwei Teile zerbrochen in der Nähe. Belzoni hat nie eine Mumie oder irgendein Zeichen für eine Bestattung gefunden. Es gibt keinerlei Anzeichen dafür, dass Chephren oder sonst jemand jemals in dem Steinkasten begraben wurde, der im Hauptraum eingebettet ist.

Um den unteren Eingang der Pyramide erreichen, muss man wieder aus der Pyramide herausgehen und nach dem niedriger gelegenen Eingang suchen.

Δ Der untere Durchgang in den Untergrund führt zu einem großen, leeren, unbeschrifteten unterirdischen Raum.

>>> Mehrere Fotos zur Ergänzung des Textes dieses Kapitels finden sich in der digitalen Ausgabe dieses Buches, wie es in PDF- und E-Book-Formaten veröffentlicht wird.

Δ Δ Δ

15

Mykerinos-Pyramide

Die dritte Pyramide von Gizeh wird Menkaura (Mykerinos) zugeschrieben, der von 2494 bis 2472 v. Chr. regierte.

Diese Pyramide ist genau wie die anderen wahren Pyramiden anonym. Es sind nirgendwo Inschriften. Nur die Berichte von Herodot und die Verweise auf seinen Namen in den umliegenden Mastabas machen ihn zum wahrscheinlichen Erbauer.

Diese Pyramide ist viel kleiner als die beiden anderen Pyramiden von Cheops und Chephren. Sie hat nur 7% der Größe der Cheops-Pyramide, obwohl Mykerinos 18 Jahre lang regierte und viel Zeit hatte, eine Pyramide zu bauen, die so groß ist wie die beiden anderen Pyramiden von Gizeh.

>>Die Größe war nicht sein Ziel. Dies sind keine persönlichen Denkmäler. Seine Pyramide ist nur ein Stück des Gesamtkonzepts, mit seinem Zentrum in Sakkara. Doch dieses kleine (und letzte Stein-) Pyramide ist die harmonischste von allen. Sie war die letzte in dieser Reihe.

Δ Δ Δ

15.1 DAS ÄUSSERE

Die Verkleidungssteine sind hier anders als bei den anderen beiden Pyramiden von Gizeh. Die untere Hälfte der Verkleidungssteine sind aus rohem Granit gefertigt, bis auf die Nordseite der Pyramide, um den Eingang herum und im entsprechenden Bereich auf der Ostseite, wo sie aus feinem Granit bestehen.

Die obere Hälfte der Pyramide wurde vollständig mit dem feinkörniger Kalkstein verkleidet, aber die Araber zerstörten sie. Im Jahr 1196 unserer Zeitrechnung versuchte einer der moslemischen Herrscher Ägyptens, diese Pyramide zu zerstören, musste aber wegen der hohen Kosten aufhören.

Obwohl sie die kleinste und jüngste der drei Pyramiden auf dem Gizehplateau ist, hat sie ein sehr interessantes harmonisches Design.

Δ Ihr Querschnitt ist nahezu ein 5: 8 Dreieck, das den Goldenen (Neb) Schnitt darstellt. Außerdem wäre das Verhältnis der Höhe zu ihrer halben Diagonale 8:9 (der perfekte musikalische Ton) mit einem Winkel zwischen der Kante und der Horizontalen von 51° 29' 53".

> Steigung: (Seite zur Basis) 51° 20′ 25″ (5/4) und
> (Kante zur Basis) 51° 29′ 53″ (8/9)

Δ Die Mykerinos-Pyramide endet in einem perfekten oder hohen Ton.

Δ Δ Δ

15.2 DAS INNERE

Die Durchgänge hier unterscheiden sich stark von denen bei Cheops und Chephren.

Es gibt zwei Durchgänge:

1. Der obere Durchgang hat seinen Eingang, wie üblich, auf der Nordseite der Pyramide, und der Eingang befindet sich 4 m oberhalb der Basis der Pyramide. Dieser absteigenden Gang ist die typische Diagonale eines 1: 2-Rechtecks, und

misst ungefähr 31 m. Die schräge Ebene führt in einen horizontalen Gang, der wiederum in den ersten Innenraum führt.

2. Der zweite Durchgang ist unter den ursprünglichen oberen Durchgang geschnitten. Der untere Durchgang ist derjenige, den wir benutzen, um die Pyramide zu betreten und er ist mit Granit ausgekleidet. Er folgt auch wie gewöhnlich der Steigung der Diagonalen eines 1:2-Rechtecks. Der untere Gang führt nach Westen zu einer Treppe, dann nach unten in einen Raum mit sechs Nischen (die Zellenraum genannt). Noch weiter westlich liegt der unterirdische Hauptraum.

Δ Querschnitt der Mykerinos-Pyramide

Basis: 356′ im Quadrat (108 m²)
Höhe: 218′ (67m)
Masse: 0,6 Millionen Tonnen
Steigung: (in Richtung Basis) 51° 20 ’25“ (5/4)
Steigung: (Kante zur Basis) 51° 29′ 53″ (8/9)

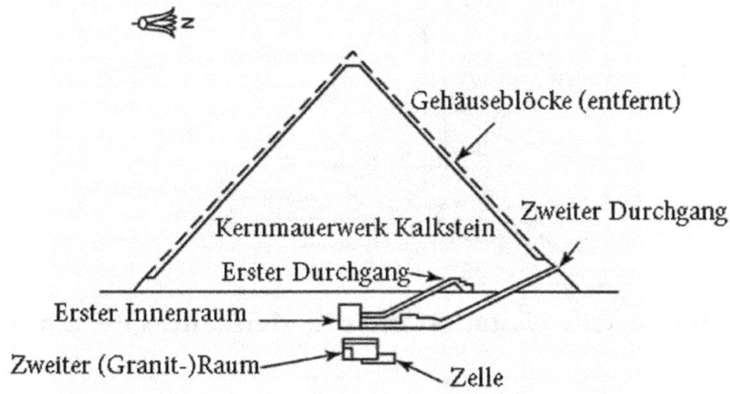

Der unterirdische Hauptraum wurde aus dem Grundgestein geschnitten und ist genauso komplett mit rotem Granit ausgekleidet und völlig frei von irgendwelchen Inschriften. Die Decke ist ein perfektes Tonnengewölbe. Die Decke besteht aus großen, fest sitzenden Granitplatten. Die Unterseiten wurden geschnitzt, um die Endstützen für das Tonnengewölbe zu liefern.

Dieser Granitraum, der jetzt leer ist, hat den einzigen Steinkasten enthalten, der in dieser Pyramide gefunden wurde. Es ist ein Basaltkasten ohne jegliche Inschriften. Wir haben erfahren, dass dieser Steinkasten auf See verloren ging, als sie versuchten, ihn nach Großbritannien zu transportieren. Da er „auf See verloren" war, war es bequem, Geschichten über ihn zu erfinden und so tun, als wäre er der einzige fehlende Beweis – der für uns nicht mehr greifbar ist.

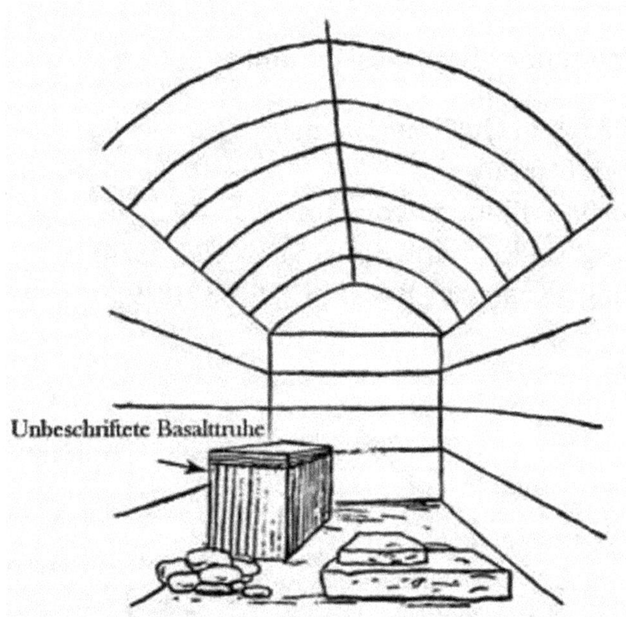

Unterirdische Hauptkammer in Menkaures Pyramide

Δ Dies war die letzte wahre Pyramide des Pyramiden-Ära.

Was für ein schönes Ende.

VII

NACH DEN PYRAMIDEN

16

Mission erfüllt

Wir werden weiterhin unterbewusst denken, dass die Pyramiden persönliche Denkmäler waren (was sie aber nicht waren). Daher haben wir Schwierigkeiten, zu verstehen, warum sie aufgehört haben. Sie haben nicht einfach aufgehört. Der Auftrag war erledigt.

Das Ziel, Pyramiden zu bauen, als Bauwerke, die kosmische Energie anziehen und kanalisieren, war abgeschlossen.

Δ Δ Δ

17

"Pyramidentexte"

Die frühesten ägyptischen Totentexte finden sich in der unterirdischen Grabkammer und den Nebenräumen. Es sind diese Grabtexte, in die Wände geritzt, die als „Pyramidentexte" bezeichnet werden.

Die „Pyramidentexte" sind eine Sammlung von Totenliteratur, die in den Gräbern der 5. und 6. Dynastie (2465-2150 v. Chr.) gefunden wurden.

Die ägyptischen gemauerten Pyramiden wurden früher, während der 4. Dynastie, erbaut. Diese Pyramiden sind völlig frei von irgendwelchen Inschriften, wie in diesem Buch gezeigt wurde.

Die wahren großen Pyramiden von Gizeh, Dahschur und Meidum wurden während der 4. Dynastie (2575-2465 v.Chr.) gebaut, und sie haben keinerlei Inschriften und unterscheiden sich auch in jeder anderen Hinsicht von den anderen früheren und späteren Gräbern, einfach weil sie gar keine Gräber sind.

Der prominenteste Ort, an dem diese Totentexte gefunden werden, ist in dem Grab des Königs Unas in Sakkara, am Ende der 5. Dynastie, das heißt hundert Jahre nachdem die letzte wahre gemauerte Pyramide auf dem Gizehplateau gebaut wurde.

Diese Grabtexte sind in der unterirdischen Grabkammer und deren Nebenräumen in die Wände geschnitzt.

Δ Δ Δ

Aber wenn wir uns die Spitze von Unas Grab anschauen, finden wir einen Haufen Schutt. In diesem, wie in vielen anderen Fällen, werden wir später zeigen, dass die Ägypter das Material, das sie aus dem Grab ausgehoben hatten, einfach nahmen und das überflüssige Material auf die Spitze des Grabes legten. Sie bauten dann eine Umrandung aus festen Steinen um den Trümmerhaufen herum, um den Schutt an Ort und Stelle zu halten.

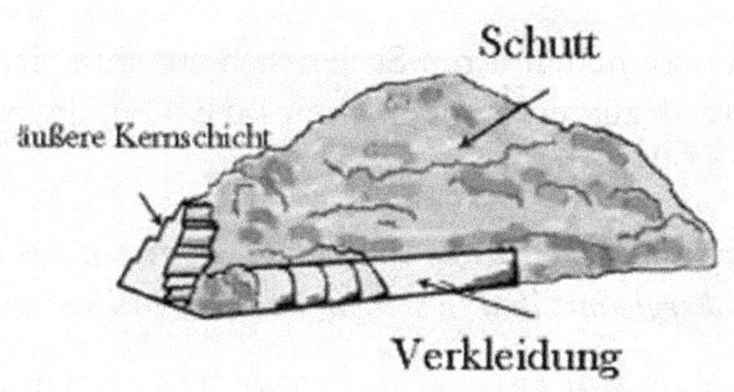

Diese Trümmerhaufen „Pyramiden“ zu nennen ist dazu gedacht, das Thema verwirrend zu machen – und die wahren Pyramiden mit den Gräbern zu mischen. Um aus ihnen ein und dasselbe zu machen.

Daher ist es ein trügerischer Name, bestimmte altägyptische Texte als „Pyramidentexte“ zu bezeichnen, was aber von der Wissenschaft gemacht wird, um uns einzutrichtern, dass diese Pyramiden Gräber waren.

Um ihr Netz der Täuschung zu entwirren, müssen wir zwischen den gemauerten Pyramiden und den Gräbern unterscheiden, die von Trümmerhaufen bedeckt sind. Nur solche Gräber enthalten diese Totentexte.

Diese Texte bilden die Grundlage für alle weiteren Totenliteratur in Ägypten, wie zum Beispiel: Das *„Book of the Coming Forth by Light“* (ungefähr: „Hervorkommen durch das Licht”, „Manifestation in Licht", „Eintreten in den Tag", Anm. d. Ü.), was fälschlicherweise als *Das Buch der Toten* bekannt ist; *Das Buch von dem, was in der Duat (Unterwelt) ist, Das Buch der Pforten, Das Buch der Höhlen, Die Litanei des Re („Sonnenlitanei"), Das Buch von Aker, Das Buch des Tages* und *Das Buch der Nacht.*

Solche Texte waren nicht nur für Könige, sondern die Texte waren auch in den Särgen der Adligen und den Menschen aller Klassen eingraviert.

Die Begräbnistexte helfen ihren Seelen sich aus ihrer irdischen Existenz zu etwas zu verwandeln, wie es die alten ägyptischen Schriften beschreiben:

> ***..."werde zu einem Stern aus Gold und tritt ein in das Gefolge von Ra und segle mit ihm in seinem Boot der Millionen Jahre."***

[Weitere Informationen über Verwandlungs [„Grab"] Texte finden Sie in *„Die ägyptischen Kosmologie: Das belebte Universum"* von Moustafa Gadalla.]

>>> **Mehrere Fotos zur Ergänzung des Textes dieses Kapitels finden sich in der digitalen Ausgabe dieses Buches, wie es in PDF- und E-Book-Formaten veröffentlicht wird.**

Δ Δ Δ

18

Die größten Pharaonen, die folgten

Es gibt diejenigen, die grundlos behaupten, dass das umfangreiche Bauen während der Pyramidenzeit als „öffentliches Arbeitsprojekt“ diente, um den Menschen Arbeit zu bringen und wie die ägyptische Wirtschaft danach als Folge dieses „Exzesses“ „zusammengebrochen“ ist. Solche Meinungen sind derart unbegründet, abwegig und im Widerspruch zu den aufgezeichneten historischen und archäologischen Fakten.

In der Region von Sakkara finden wir ein einfaches Grab, das von keinem anderen als König Pepi II (2246-2152 v.Chr.) gebaut wurde. Ja, es ist unbestritten, dass er 94 Jahre lang regierte.

Seine Grabkammer hat einen Granitsarkophag, der ihn eindeutig als Pepi II identifiziert.

Das Grab von Pepi II enthält einige edle Hieroglyphen, aber der Superbau ist und war nicht mehr als ein Haufen Schutt, genau wie der von König Unas. Pepi II war der vierte Pharao der 6. Dynastie. Er war sehr stark und sehr reich und regierte sehr lange. Seine Denkmäler finden sich in ganz Ägypten genauso wie verschiedene Minen und Steinbrüche. Er hatte die Zeit und die Ressourcen, um eine Pyramide zu bauen wie die in Gizeh, Dahschur und Meidum, aber, wie oben gezeigt, hatte er lediglich eine kleine, unechte Pyramide …

Einige andere Beispiele von Königsgräbern unter den Trümmerhaufen wurden auch in Dahschur neben den Zwillingspyramiden des Snofru – der Roten und der Knickpyramide – gefunden.

Es gibt unechte „Pyramiden", die zu Amenemhet II gehören (1929-1892 v.Chr.), Sesostris III (1878-1844 v.Chr.) und Amenemhet III (1844-1797 v.Chr.). Jede wurde aus einem Kern aus rohen Schlamm-Ziegeln gebaut, umgeben von einer Außenverkleidung aus Kalkstein, die jetzt verschwunden ist. Heutzutage sind sie nur noch unförmigen Massen.

Die Wirtschaft blühte während seiner Herrschaft – was wieder beweist, dass der Bau gemauerter Pyramiden nichts mit der Wirtschaft oder damit, dass sie Gräber sind, zu tun hat.

>>> Mehrere Fotos zur Ergänzung des Textes dieses Kapitels finden sich in der digitalen Ausgabe dieses Buches, wie es in PDF- und E-Book-Formaten veröffentlicht wird.

Δ Δ Δ

1

GLOSSAR

Beton – ein Baumaterial, das aus Sand und Kies gemacht und mit Zement zu einer harten, kompakten Substanz verbunden wird.

Elle – Die altägyptische lineare Maßeinheit, die die Entfernung zwischen dem Ellbogen und der Spitze des ausgestreckten Mittelfingers misst. Eine Elle = 0.5236m

Heb-Sed – antikes Fest im Zusammenhang mit der Verjüngung und der geistigen und körperlichen Erneuerung des Pharaos.

Kreis Index – Kreiszahl – bezeichnet das Verhältnis des Umfangs eines Kreises zu seinem Durchmesser, und ist gleich 22/7

Mastaba – bedeutet Bank; ein oberirdischer Lehmziegeln-Bau. Die Grabkammern des Verstorbenen befinden sich unterhalb der Mastaba.

Neb (Goldener) Schnitt – ist der „Schlüssel zum Aufbau des Kosmos". Man erhält ihn wenn man ein Rechteck mit den Seiten 1:2 nimmt. Wenn eine Annäherung vorgenommen werden muss, ist ihr Wert 1,6180339 …

Phi – (ϕ), siehe Neb (Goldener) Schnitt

Pi – (π), siehe Kreiszahl (Kreisindex)

Pyramide – ein fester Körper mit einer polygonalen Basis, deren Seiten dreieckige Flächen bilden, die sich an einem gemeinsamen Scheitelpunkt treffen.

„Pyramiden" Texte – Eine Sammlung von Bestattungsliteratur, die in den Gräbern der Könige der 5. und 6. Dynastie (2465-2150 v.Chr.) gefunden wurde.

Steigung – die Menge oder der Grad der Abweichung von der Horizontalen oder Vertikalen in einer schrägen Fläche. Das Verhältnis der vertikalen Differenz geteilt durch die horizontale Differenz.

2

AUSGEWÄHLTE LITERATURHINWEISE

Aldred, C. *Egypt to the End of the Old Kingdom*. London, 1965.

Alvarez, L. W. et al. *Search for Hidden Chambers in the Pyramids. Science* 167 (1970).

Badawy, Alexander. *Ancient Egyptian Architectural Design*. Los Angeles, CA, USA, 1965.

Badawy, A. *'The Stellar Destiny of Pharaoh and the so-called Air-shafts in Cheops's Pyramid'*, in *MIOAWB*, band 10, 1964.

Breasted, J. H. *History of Egypt*. Chicago, 1919.

Brecher, K. and Feirtag, M. *Astronomy of the Ancients*. Mass., 1979 ed.

Clarke, S. and Engelbach, R. *Ancient Egyptian Masonry*. Oxford, 1930.

Cornell, J. The First Stargazers, *An Introduction to the Origins of Astronomy*. London, 1981.

Davidovits, Dr. Joseph and Morris, Margie. *The Pyramids, An Enigma Solved*. New York, 1989.

De Cenival, Jean-Louis. *Living Architecture*. New York, 1964.

Edwards, I. E. S. *The Pyramids of Egypt. Rev. ed.* Harmondsworth, 1961; and London, 1972.

Erman, Adolf. *Life in Ancient Egypt*. New York, 1971.

Fakhry, Ahmed. *The Pyramids*. Chicago, 1969.

Firth, C. M., Quibell, J. E. and Lauer, J.-P. *The Step Pyramid. 2 vols.* Cairo, 1935-36.

Gadalla, Moustafa:
- *Ancient Egyptian Culture Revealed*. USA, 2007.
- *Egyptian Cosmology: The Animated Universe—2nd edition*. USA, 2001.
- *Egyptian Divinities: The All Who Are THE ONE*. USA, 2001.
- *Egyptian Harmony: The Visual Music*. USA, 2000.
- *Historical Deception: The Untold Story of Ancient Egypt*. USA, 1999.
- *Pyramid Handbook*. USA, 2000.

Gardner, Martin. *The Magic Numbers of Dr. Matrix*. New York, 1985.

Grinsell, L. *Egyptian Pyramids*. Gloucester, 1947.

Herodotus. *The Histories*, tr. A. de Selincourt. New York, 1954.

James, T. G. H. *An Introduction to Ancient Egypt*. London, 1979.

Lauer, J-P. *Le Probleme des Pyramides d' Egypte*. Paris, 1948.

Lemesurier, Peter. *The Great Pyramid Decoded*. New York, 1977.

Mendelssohn, Kurt. *The Riddle of the Pyramid*. New York, 1974.

Murray, Margaret A. *The Splendour that was Egypt*. New York, 1957.

Pennick, Nigel. *Sacred Geometry*. New York, 1982.

Petrie, W. M. F. *The Pyramids and Temples of Gizeh*. London, 1883.

Smyth, Piazza. *The Great Pyramid, Its Secrets and Mysteries Revealed*. London, 1880.

Stewart, Desmond. *The Pyramids and the Sphinx, Egypt Under the Pharaohs*. New York, 1977.

Tompkins, Peter. *Secrets of the Great Pyramid*. New York, 1971.

Trimble, V. *'Astronomical Investigations concerning the so called Airshafts of Cheops's Pyramid'*, in *JEA*, 21; 1936.

West, John Anthony. *The Travelers Key to Ancient Egypt*. New York, 1989.

Wilkinson, Sir J. Gardner. *The Ancient Egyptians, Their Life and Customs*. London, 1988.

Unzählige Hinweise in arabischer Sprache

3

QUELLEN UND ANMERKUNGEN

Bei meiner Forschung stieß ich auf Dutzende Bücher. Viele von ihnen sind kommerziell orientiert, um sie um jeden Preis zu verkaufen. Ich würdige solche Bücher nicht, indem ich sie hier aufliste, obwohl sie sich sehr gut verkaufen.

Fast alle meine Quellen wurden von sehr voreingenommen Autoren geschrieben, die (bewusst oder unbewusst) pro-westliche und/oder jüdisch-christliche Paradigmen haben.

Meine Verweise auf die Quellen sind im vorigen Abschnitt „Ausgewählte Literatur“ aufgeführt. Auf sie wurde nur wegen der Fakten, Ereignisse und Daten verwiesen und nicht notwendigerweise wegen ihrer Interpretationen dieser Informationen.

Es sollte beachtet werden, dass, wenn ein Verweis auf eines der Bücher des Autoren Moustafa Gadalla gemacht wird, jedes seiner Bücher Anlagen enthält, die auf eigene umfangreiche Literaturhinweise sowie detaillierte Quellangaben und Hinweise verweisen.

Kapitel 2 (Echte Pyramiden)

Primärquellen: Davidovits, Fakhry, Mendelssohn, Petrie, und West.

Sekundärquellen: Alle anderen aufgeführten Hinweise

Kapitel 3 (Sakkara.- Djoser)

Primärquellen: Badawy (Ancient Egyptian Architectural Design), Clarke, De Cenival, Edwards, Fakhry, Firth (Quibell and Lauer), Grinsell, James, Lauer, Mendelssohn, Pennick, und West.

Kapitel 4 (Pyramiden kontra Gräber)

Informationen über Gräber, Inhalte und Funktionen kamen von:: Erman, Gadalla, James, West, und Wilkinson.

Die Unterschiede zwischen den ägyptischen Pyramiden und Gräbern kamen von: Gadalla, Mendelssohn, und West.

Mendelssohn legte die überzeugendsten Punkte dafür dar, um die wissenschaftliche "Grabtheorie" zu zerstören. Ansonsten ist der Rest des Buches unbegründete Effekthascherei und Spekulation

Kapitel 5 (Pyramidenkomplex)

Badawy (Ancient Egyptian Architectural Design), De Cenival, Gardner, Herodotus, Pennick, und West.

Kapitel 6 (Pyramidenkraft)

Primärquellen: Gardner und West.

Verlassen

Primärquellen: West

Sekundärquellen: Praktisch alle anderen aufgeführten Hinweise

Kapitel 7 und 8 (Konstruktionstechniken)

Die gängige Theorie

Praktisch alle aufgeführten Hinweise

Ägyptisches Wissen

Primärquellen: Davidovits, Firth (Quibell & Lauer), Gadalla (Historical Deception), West, und Wilkinson.

Sekundärquellen: alle anderen aufgeführten Hinweise

Herkunft der Steine

Primärquellen: Davidovits.

Davidovits, der ein Experte in Geopolymer und Betontechnologie ist, war sehr methodisch in seiner Darstellung von Fakten bezüglich der Material- und Konstruktionstechniken. Allerdings war er sehr nachlässig beim Schreiben über historische und religiöse Aspekte des alten Ägyptens. Er scheute sich nicht, ohne irgendwelche Beweise in diesen Bereichen zu spekulieren

Es sei darauf hingewiesen, dass der Autor 1967 einen Abschluss als Diplom-Bauingenieur gemacht hat und seither im Tiefbau arbeitete. Der Autor befürwortet Davidovits Ergebnisse in den Bereichen der natürlichen und von Menschen geschaffenen Blöcke, basierend auf seiner Kenntnis dieses technischen Gegenstands und seiner zahlreichen Untersuchungen der ägyptischen Denkmäler.

Synthetische und natürliche Blöcke

Primärquellen: Alvarez und Davidovits.

Es sei darauf hingewiesen, dass der Autor 1967 einen

Abschluss als Diplom-Bauingenieur gemacht hat und seither im Tiefbau arbeitete. Der Autor befürwortet Davidovits Ergebnisse in den Bereichen der natürlichen und von Menschen geschaffenen Blöcke, basierend auf seiner Kenntnis dieses technischen Gegenstands und seiner zahlreichen Untersuchungen der ägyptischen Denkmäler.

Verkleidungssteine

Primärquellen: Davidovits und West.

Sekundärquellen: Praktisch alle anderen aufgeführten Hinweise

Fiktive Rampen

Primärquellen: Davidovits und West.

Kapitel 9 (Meidum)

Primärquellen: Badawy (Ancient Egyptian Architectural Design), Davidovits, De Cenival, Fakhry, Lauer, Mendelssohn, Pennick, und West.

Sekundärquellen: Alle anderen aufgeführten Hinweise

Kapitel 10 (Dahschur – Knickpyramide)

Primärquellen: Badawy (Ancient Egyptian Architectural Design), Davidovits, De Cenival, Fakhry, Lauer, Mendelssohn, Pennick, und West.

Sekundärquellen: Alle anderen aufgeführten Hinweise

Kapitel 11 (Dahschur – Rote Pyramide)

Primärquellen: Badawy (Ancient Egyptian Architectural

Design), Davidovits, De Cenival, Fakhry, Lauer, Mendelssohn, Pennick, und West.

Sekundärquellen: Alle anderen aufgeführten Hinweise

Kapitel 12 (Gizeh Plateau)

Quellen: Praktisch alle aufgeführten Hinweise

Kapitel 13 (Cheops)

Cheopspyramide – Das Äußere

Quellen: Praktisch alle aufgeführten Hinweise

Bezüglich der Aspekte der harmonischen Proportionen (Heilige Geometrie): Badawy (Ancient Egyptian Architectural Design), De Cenival, Gardner, und West.

Cheopspyramide – Das Innere

Primärquellen: Smyth und West.

Sekundärquellen: Praktisch alle anderen aufgeführten Hinweise

Kapitel 14 (Chephren)

Chephren – Das Äußere

Gestaltung:

Primärquellen: Davidovits, Fakhry, Lauer, und West.

Sekundärquellen: Praktisch alle anderen aufgeführten Hinweise

Konstruktion: Davidovits (Pyramide), West (Pflastersteine).

***Harmonische Proportion (Heilige Geometrie)*:** Badawy (Ancient Egyptian Architectural Design)

Chephrenpyramide – Das Innere

Primärquellen: Fakhry und West.

Sekundärquellen: Praktisch alle anderen aufgeführten Hinweise

Kapitel 15 (Menkaure)

Menkaure – Das Äußere

Gestaltung:

Primärquellen: Davidovits, Fakhry, Lauer, und West.

Sekundärquellen: Praktisch alle anderen aufgeführten Hinweise

***Konstruktion*:** Davidovits (Pyramide), West (Pflastersteine).

Harmonische Proportion (Heilige Geometrie): Badawy (Ancient Egyptian Architectural Design)

Menkaure – Das Innere

Primärquellen: Fakhry und West.

Sekundärquellen: Praktisch alle anderen aufgeführten Hinweise

Kapitel 16 (Mission erfüllt)

Primärquellen: Davidovits und West.

Sekundärquellen: Praktisch alle anderen aufgeführten Hinweise

Kapitel 17 (Pyramidentexte)

Primärquellen: Praktisch alle aufgeführten Hinweise

Kapitel 18 (Pharaonengräber in Sakkara und Dahschur)

Sources: Praktisch alle aufgeführten Hinweise

www.ingramcontent.com/pod-product-compliance
Lightning Source LLC
LaVergne TN
LVHW050550160826
845677LV00011B/2259

9798224931026